隐形管理

——无为管理的最高境界

YINXING GUANLI

孟建勇 著

经济管理出版社
ECONOMY & MANAGEMENT PUBLISHING HOUSE

图书在版编目（CIP）数据

隐形管理：无为管理的最高境界/孟建勇著 . —北京：经济管理出版社，2017.4
ISBN 978 - 7 - 5096 - 5093 - 6

Ⅰ . ①隐… Ⅱ . ①孟… Ⅲ . ①企业管理 Ⅳ . ①F272

中国版本图书馆 CIP 数据核字（2017）第 092970 号

组稿编辑：张　艳
责任编辑：赵喜勤
责任印制：黄章平
责任校对：超　凡　熊兰华

出版发行：经济管理出版社
　　　　　（北京市海淀区北蜂窝 8 号中雅大厦 A 座 11 层　　100038）
网　　　址：www. E - mp. com. cn
电　　　话：(010) 51915602
印　　　刷：玉田县昊达印刷有限公司
经　　　销：新华书店
开　　　本：720mm × 1000mm/16
印　　　张：12. 5
字　　　数：140 千字
版　　　次：2017 年 6 月第 1 版　2017 年 6 月第 1 次印刷
书　　　号：ISBN 978 - 7 - 5096 - 5093 - 6
定　　　价：39. 00 元

导　言

"无为而治"，中国式管理的大道

　　"无为而治"，是春秋时期著名哲学家和思想家老子提出并崇尚的治国安邦方针策略。经过数千年历史的沉淀，这一思想散发出时代光辉，已经成为中国式管理之大道。

　　在老子的政治哲学中，"无为"是一个蕴含深刻意义和博大智慧的哲学词汇。《道德经》第三十七章讲得很清楚："道常无为而无不为。侯王若能守之，万物将自化。化而欲作，吾将镇之以无名之朴，镇之以无名之朴，夫将不欲。不欲以静，天下将自定。"意思是说，宇宙大道，顺应自然乃无为，顺应自然无为而无所不为。王侯将相若能守之，顺其自然无为，万物将都能按照自己的规律去运化。自生自长而产生贪欲时，我就要用"道"来镇住它。用"道"的真朴来征服它，就不会产生贪欲之心了。如果万事万物没有贪欲之心，天下便自然而然达到稳定、安宁。事实上，从整个《道德经》对"无为"思想的阐述来看，无为主要是针对并要求统治者限制和约束权力的滥用，反对实行违背人民意愿的行为，反对动辄随意颁布这个法令、那个制度，或朝令夕改，不讲求政策的连续性。

　　"无为而治"的思想对现代企业管理具有重要的指导意义。企业的主体是人，企业的运行和发展都是由企业员工来主导和实施的，而一个企业的总裁或者 CEO，一定是对这个企业管理范围最广、影响力最大的人。一个企业之所以成功，其关键在于其最高领导者掌握了隐形管理，即富于"治大国若烹小鲜"的领导智慧，做出保证成功实施无为管理的科学决策，深谙知人善任的用人之道，制定无为管理的制度，讲究有效授权的艺术，注重防患于未然的危机处理，持续改善的精益管理以及内化于心、固化于制、外化于行、渲染于物、凝化于力的企业文化建设，从而实现"无为而治"。而所有这些，恰恰就是本书《隐形管理——无为管理的最高境界》的主旨。

中国企业在持续发展的道路上必须进行中国式管理，而隐形管理、无为而治就是其管理的核心所在！对此，中国的任何一个现代企业领导者和管理者都不可不知！

目　录

第一章　无为而治：企业管理的至高境界

　　"无为而治"管理思想是道家思想的精髓，它蕴涵着深刻的管理策略，对现代企业管理具有重要的指导意义。道家典籍《道德经》的哲学思想的核心是"道"，老子认为"道"是产生和支配宇宙万物的基本法则，也是处世为人所必须遵循的准则。他说的"道生一，一生二，二生三，三生万物。万物负阴而抱阳，冲气以为和"，这里的"道"就是产生万物的精神本体。老子认为道即是无，无即是道。万物是遵循"道"的法则而顺其自然产生的，这就是"无为"的过程，也是现代企业管理的要旨。企业从顺其"道"而产生万物的结果上看，则达到了"无不为"的效果，所以说"道常无为而无不为"。

第二章 领导智慧：治大国若烹小鲜

《道德经》中说的"治大国若烹小鲜"，可以说是中华民族独有的治国经验。我们也可以从中看出老子的境界是多么高，胸怀是多么大。只有这样的思想家，才能把"治大国"和"烹小鲜"联系起来；也只有拥有如此境界和胸怀的政治家，才能把老子的这句话发挥到极致。今天，虽然社会的管理组织模式发生了根本性的变化，但古人的智慧仍能穿透寰宇。对于现代企业管理来说，治大国若烹小鲜的最高目标不是科学化，而是艺术化。它要求现代企业管理做到：合乎规律，顺乎自然；清静无为，切忌朝令夕改；希言自然，多干实事；以身作则方能潜移默化；和光同尘，人格魅力就是领导力。

第三章 科学决策：无为管理的前提

科学决策是企业领导人面临的第一要事。从理论上讲，科学的决策是一个发现问题、提出问题、分析问题、解决问题的完整的动态过程，只有遵循科学的决策程序，才能做出正确的决策，避免决策失误。从实践层面来说，由于当今的企业置身在一个多变的时代，企业领导者要做出科学的决策，就需要把握这样几点：敢为天下先，有决策引领才能实现无为管理；消除疑虑，当机立断；欲速则不达，决策需要积累；见仁见智，让持不同意见者畅所欲言；创新决策的三种有效方法。在企业管理的过程中，把握上述几点，进行科学决策，就会引领企业的运作按部就班，有条不紊，领导者也就实现了无为管理。

第四章　领导之道：无为管理必须知人善任 …………………… 79

《道德经》开篇讲："道可道，非常道；名可名，非常名。"意思是说，可言之道，实非恒道；可用之名，难为恒名。如果我们从领导用人的角度去研究理解《道德经》中的"道"，就是"领导用人之道"，用现代领导思维也可以重新理解为，真正的领导用人之道无法用语言和文字表达，而必须靠领导者自身用心去体会、揣摩。用人之道对于实施无为管理意义重大，因为用好了人，就能充分调动人的主观能动性、养成自觉性、激发创造性，实现"领导在与不在一个样"。为此，领导者要深谙为人、识人、用人、御人、教练诸环节，做到知人善任，从而真正实现无为管理。

第五章　制度保证：无为管理需要制度保证 …………………… 97

制度是决定和改变人行为的东西。人都是理性的，都知道什么样的行为对自己最有利。管理者的关键任务是制定出有效的制度，把下属的自利行为引导到对组织有利的方向上去。一个成熟的企业领导者，在确立基本制度后，他根本不用自己喊着口号鼓动下属冲锋陷阵，下属自然就知道往前冲。下属的行为已经变成了自觉、自发的行为，因为这种行为对他们自己是最有利的。管理的最高境界是"无为而治"。成功领导者的经验告诉我们：人的无为，必须建立在"制度有为"的基础之上。而有效的制度设计，又必须建立在对人"自利"本性的把握上。

第六章　有效授权：无为管理讲究授权艺术 …………………… 121

　　管理学中有一个词叫作授权，如何把握授权的尺度是一门管理艺术。授权到什么程度很重要，授权的节奏也很关键。授权就像风筝，风筝飞得过高，就要把手中线紧一紧；风筝飞得太低，就要把线松一松，并要根据风的大小和方向，首先使风筝飞起来，然后循序渐进地使它飞得更高、更远。放风筝看似很简单，但是放好并放到一种境界是很难的。同样，授权是一门艺术，如果管理者完全掌握了放风筝的哲学理念，并把它应用在实践中，那么他就掌握了无为管理的授权艺术，就是管理大师。

第七章 危机处理：无为管理注重防患于未然 …………… 139

在市场经济的浪潮中，任何一个企业随时随地都有可能出现危机，所谓"突然"发生，那是因为企业对危机缺乏必要的认识。企业不论规模大小、业务经营规模或行业类别如何，每天都面临各种不同危机发生的可能，一旦发生危机，倘若无法妥善处理，不仅会给企业带来财务损失，进一步影响社会大众及消费者的权益与生命财产安全，连带的将破坏企业的形象，甚至撼动企业经营的基础。跑不过危机者，必受灭顶之灾！因此，树立居安思危的危机意识，善于扭转危机为契机，做好社交媒体时代的危机公关管理，防患于未然，是现代企业危机处理中应该加以重视的问题。

第八章 精益管理：持续改善的终极目标是无为而治 ………… 155

精益化作为一种管理理念、技术和方法，追求的是从"管"到"理"的转变。"管"是靠人来负责监督，"理"则是靠规则来自动运行。如果说"无为而治"是管理的终极目标，那么精益管理恰恰就是通向这个目标最便捷的道路，通过精益化手段、工具、方法，不断持续改善，就会离"无为而治"越来越近。因为精益管理恰恰是在努力地建立并落实一套精细完备而符合规律的规则，用它来代替管理者的主观意志，从人治向法治转化。具体来说，精益化持续改善，要朝本章指明的五个方向努力。

第九章　文化建设：用企业文化实现无为而治 …………… 169

　　企业文化是一个企业所有员工共同遵循的价值观和行为准则，不是三五个人的文化，而是全员的问题。因此，必须对进入企业的每位员工进行职业培训，只有使每位员工对企业文化的内涵都有一个正确理解，才能做到员工价值观高度统一。文化理念落地的具体方法有：讲故事、抓案例、树典型、做目视、造氛围、植人心。这些在打造执行力的同时也根植到员工的内心里，激励是树立价值观的有效手段，干好了就表扬，表扬就激励，激励就树立榜样，榜样的力量是无穷的，在企业文化建设过程中会起到催化剂的作用；物质激励作为保障，精神激励创文化。具体表现就是内化于心、固化于制、外化于行、渲染于物、凝化于力。

第一章　无为而治：企业管理的
至高境界

　　"无为而治"管理思想是道家思想的精髓，它蕴涵着深刻的管理策略，对现代企业管理具有重要的指导意义。道家典籍《道德经》的哲学思想的核心是"道"，老子认为"道"是产生和支配宇宙万物的基本法则，也是处世为人所必须遵循的准则。他说的"道生一，一生二，二生三，三生万物。万物负阴而抱阳，冲气以为和"，这里的"道"就是产生万物的精神本体。老子认为道即是无，无即是道。万物是遵循"道"的法则而顺其自然产生的，这就是"无为"的过程，也是现代企业管理的要旨。企业从顺其"道"而产生万物的结果上看，则达到了"无不为"的效果，所以说"道常无为而无不为"。

无为而治的思想内涵

"无为而治"的管理思想是道家思想的精髓，它蕴涵着深刻的管理策略。然而，时下有不少人对道家"无为"思想持否定态度，认为"无为"不是道，认为一个治理国家的人，如果真正无为，空悬在万人之上是没有用的。他们反对老子的"无为"思想，认为是提倡软弱退让、无所作为、对社会人生采取冷漠态度等，这实在是对老子"无为"思想本意的莫大误解。从老子所处的时代背景、人生体验、哲学观点和政治主张等多方面去综合领悟"无为"的含义，不难看出："无为"并不是无所作为和不为，而是含有不妄为、不乱为、顺应客观态势、尊重自然规律的意思。

一、"无为"思想的含义

道家的"无为"思想包含三层含义，如表 1-1 所示。

表 1-1　道家"无为"思想包含的含义

顺应自然 不妄为	万物的生成变化完全是一个自然而然的过程，任何外力的参与和干预都是不必要的。对于一个自然的过程来说，任何不必要的外在作用都是强加的、都是妄为，不但无助于事物的存在和发展，反而会破坏事物发展的自然过程。只有顺其自然不妄为，让事物自由发展，才是合理的态度。顺其自然不妄为，实际上也是"为"，是一种独到的、有深刻意蕴的"为"，即《道德经》第六十三章所说的"为无为，事无事"，以"无为"的态度去"为"，以清静无事的方式去"事"

遵循客观规律去为	老子从来就没有说过要无所作为，就连《道德经》最后一句话还在强调要为，即"圣人之道，为而不争"。"无为"的目的是"无不为"，即"无为而无不为"。所谓"无为而无不为"意思是说：不妄为，就没有什么事情做不成。这里的"无为"乃是一种立身处世的态度和方法，"无不为"是不妄为所产生的效果。这和《道德经》第三章所说的"为无为则无不治"的意义是一致的。"为无为"是说以"无为"的态度去"为"，可见老子仍然鼓励人们去"为"、去做、去发挥主观能动性，只是他同时又提醒人们不要强作妄为，不要放任自己的私欲，要遵循事物的客观规律去为
设计无为而治方略	老子根据自己的政治主张设计出的治国方法就是无为而治。老子提出"治大国若烹小鲜"，认为君主治国应效法大道的"无为"，用"无为"的方式去应对一切世事，处处按自然规律行事，不违背自然去追求个人的私利，不违背民意，这样反而能实现自己的政治理想。这里老子对管理主体提出了要求，管理主体要"无为、谦退、守柔"才能做到无为而治

二、"有为"与"无为"的辩证统一

道家认为人道来源于天道，而道家的"无为而治"是从老子的天道论中引申出来的重要思想。在老子看来，"道"作为宇宙万物的根源，"道常无为而无不为"。这就是说，作为天地之始、万物之母的"道"是自然运行、无虚妄、无偏执、无妄为、无思念的，"万物恃之以生而不辞，功成而不有，衣养万物而不为主"，这就是道的"无为"本性。但是，宇宙天地万物，其中包括地球和地球上的人类、花草树木、鱼虫鸟兽等，又都是由"道"演化出来的，并且是由"道"主宰的，这又是"道""无不为"的本性。

实际上，老子所说的"道"，是"有为"与"无为"的辩证统一。正因如此，由道而派生的天地万物也是"莫之命而常自然"，"天地无为也而无不为也"。把"道常无为而无不为"的思想应用于治人、治国与管理企业中，就自然引出"无为而治"的管理思想。在道家看来，既然圣人"唯道是从"，对于天地人就理应要求"上德无为而无以为"，即只能从客观上辅助天地万物的自然本性，既不妄为也不强为，更不图达到某种人生功利的目的。

总之，"无为"并非什么都不做，而是要遵循大千世界的规律，尊重人的个性，有所为有所不为，是一种独特的思维方式。这对于现代企业管理具有重要的指导意义。

无为而治对企业管理思想的影响

老子的"无为"思想包含广泛而深刻的管理内涵，无为而治企业管理思想的影响在历史上也有鲜明的印记。历代商家贾人悉心研究并灵活运用《道德经》的经营理财之道，诸如春秋时期被称为"商神"的陶朱公范蠡，深谙《道德经》中"将欲取之，必因与之"的经商之道，他在帮助越王勾践打败吴王夫差之后，便在政治上急流勇退，到齐国专心经商，运用老子的基本思想，充分发挥自己的聪明才智，成为一代巨富，被世人称为"商神"。对于现代企业而言，"无为"通过"有为"来体现，进而实现"无不为"，即"无为而无不为"的至上管理境界。

无为而治对现代企业管理思想的影响，具体体现在以下几个方面。如图 1-1 所示。

一、企业管理基本原则的影响

管理者在决策上应有所为，有所不为，即要求管理者在"大

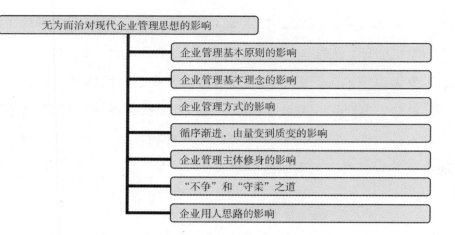

图1-1 无为而治对现代企业管理思想的影响

事"上有所为,在"小事"上有所不为。只有在小事上有所不为,才能在大事上有所作为。任何一个管理者,随时都会碰到两类事情,一类是事关全局和长远利益的大事,另一类是日常的琐碎小事。而管理中存在的跨度问题决定了即使再精明能干、智慧超群的领导者,也无法事必躬亲、样样"有为"。这是因为一个人受精力、体力、时间和知识的限制,被管理的人数不能太多,面也不能太宽,否则既管不好,也管不了。所以,高层次的领导者不应拘泥于小事,要善于在小事上"无为",而在大事上"有为"。

二、企业管理基本理念的影响

"无为"管理思想要求管理主体"无为",就是要顺应自然,不做违背客观规律和事物本性的事,要"人法地,地法天,天法道,道法自然"。即认为宇宙万物都是以"自然"为其本性的。这里所谓"自然",并不是指存在于人之外的自然界,而是指"道"和由它而派生的宇宙万物的"本性如此"、"本然如此"的自然状况和天赋的存在形式与运作方式。把这种"道法自然"思想运用于治理国家和组织管理上，就要求管理者"以辅万物之自然而不敢为"。提倡"圣人处无为之事，行不言之教"，遵循道的原则，效法天道，实现人与自然的平衡，达到人与社会、人与人之间的和谐。

三、企业管理方式的影响

《道德经》第五十七章提出："我无为，而民自化；我好静，而民自正；我无事，而民自富；我无欲，而民自朴。"深受道家"无为"思想影响的荀子指出："仁者之行道也，无为也；圣人之行道也，无强也。"即是说，管理者"行道"时既不能随心所欲地去做（"无为"），也不要脱离客观实际勉强地去做（"无强"），而要顺其自然，因势利导，严格按照客观规律办事。这种"无为而治"的管理方式，就是要管理者按照客观规律，运筹于心而不强作妄为，不任凭主观想象去发号施令，使人们能自觉地去实现管理目标。

四、循序渐进，由量变到质变的影响

老子认为，事物发展来自本身量变的积累过程。老子说："合抱之本，生于毫末；九层之台，起于垒土；千里之行，始于足下。"世间万物是在由小变大、由低变高、由简单变繁杂的过程中发展起来的，也就是说事物从量变到质变完成的过程，是一个长期不断的原始积累过程，不可以忽视超越这一阶段，否则就会半途而废。这一思想对现代企业管理的现实意义就是：企业管理者一定要从小细

节做起，一步一个脚印地做好每一件事情，踏踏实实做好每一件事情，长期不懈地坚持做好每一件事情，重视量的积累，锤炼自己的品质，积累经验，吸取教训，为自己的事业奠定良好的基础。

五、企业管理主体修身的影响

《道德经》第二章说："是以圣人处无为之事，行不言之教，万物作而弗始也。"老子很看重领导者的修身在治国理政中的重要作用。作为领导者，正人先正己，身教重于言教，不主观行事，胸怀大志自谦而不居功。老子又将慈、俭、不敢为天下先称为"三宝"，作为修身原则。强调领导者要坚持做到慈爱不偏心，待人一视同仁，节俭，将自身的利益放在众人之后，具备了这样的无形作为才能治家、治乡、治邦、治天下。

六、"不争"和"守柔"之道

讲求管理艺术的"无为"，在管理上重视"不争"和"守柔"之道。《道德经》第六十六章说："以其不争，故天下莫能与之争。"这里的"不争"是无形的去争，把"不争"作为"争"的一种策略和手段，达到最大的"争"，实现不争善胜。对于"守柔"，老子认为在自然界里，新生之物都是柔弱的，但总是充满生机和最具活力的，这是"生"的自然法则。"无为"就要"守柔"，去效法自然。所以《道德经》第四十三章说："天下之至柔，驰骋天下之至坚。"在管理上，将自己摆在柔弱的位置，充分发掘潜力，扬长避短，后发制人，便能无往而不胜。"不争"和"守柔"体现出"无为"思想的一种高超的管理艺术。管理者也要善于根据被管理者的兴趣、爱好，而采取相应的激励方法，稳定员工情绪，以调动全体员工的积极性，达到人力资源的优化配置，从而达到"无为而治"的理想境界。

七、企业用人思路的影响

老子"无为而治"的思想体现在"以人为本"、"疑人不用，用人不疑"的管理思想中。一个高层的现代管理者，要想真正在"大事上有所为，在小事上有所不为"，就必须在挑选干部上采用"君无为而臣有为"的管理方法。在识贤、求贤上有所为，在用贤上则无所为。管理者在用人和管理过程中不违背根本原则的情况下，要给予个人充分发挥才能的空间，要给予个人充分的信任和支持，不能事事过问，面面俱到，也不能对下级员工放任自流，让其为所欲为而无所顾忌。"无为"是在原则和规章制度能够顺利贯彻执行的条件下进行的，这也是"无为"思想的真正意义所在。

总之，无为而治对现代企业管理思想的影响是多方面的，在企业管理基本原则、企业管理基本理念、企业管理方式及管理者主体修身和用人方面，向我们昭示了现代管理的基本原理和应有的模式。

无为而治对管理者的影响

有人说"中国文化的根在道家"。在中华大地上，不管是古代的帝王君主或者将相诸侯，还是市井平民，甚至现实生活中的做官为民，或者下海经商，凡是通晓道家之要义者，无不如鱼得水，游刃有余。对于企业管理者而言，道家思想中"无为而治"的借鉴意义是多方面的。

一、老子眼中的管理者

老子在《道德经》里提出"无为而治"这一治国理念，根据"无为而治"的原则，老子把管理者的领导艺术分为四个层次，即"太上，不知有之；其次，亲而誉之；再次，畏之；最次，侮之"。意思是说，最好的统治者，人们觉察不到他的存在；其次的统治者，人们亲近他、赞誉他；再次的统治者，人们畏惧他；最次的统治者，人们轻侮他。

在道家看来，第一类领导者，善于按"道"办事，以"道"治国，对民众从不干涉、迫害，使他们过着愉快、幸福的生活，人民好像没有感到他的存在。这是领导者获得的最高奖赏。这一类领导是"无为型"的，其余三类管理虽有区别，但都属于"有为型"。

唐朝是封建社会的鼎盛王朝之一，唐太宗的"贞观之治"与老子的思想是分不开的。唐太宗治天下奉《道德经》为圭臬。唐初君臣十分重视"清静无为"。唐太宗告诫朝臣们说：我从早到晚努力不息，只希望清静无为而治，使天下平安无事，终于得以不再大征徭役，年年五谷丰登，百姓安居乐业。治理国家就像栽树，只有树根坚固不动摇，枝叶才会茂盛。因君能够清静无为而治，百姓为什么不能过安居乐业的生活呢？

据《贞观政要》记载，魏征告诉唐太宗：尧舜在位的时候，老百姓说"耕田而食，凿井而饮"，但受到天子养育，吃饱喝足，却说帝王有什么功劳。如今陛下这样涵养百姓，百姓也是日日享用，却不认为是你的恩德。在魏征看来，唐太宗的"贞观之治"已达到了"无为而治"的最高境界。民众过着自由、富足的美满生活，却感觉不到领导者的存在，这是管理的最佳状态。

二、现代企业管理者如何做到无为而治

无为而治是管理的最高境界，尽管这种情况不容易见到，但这是我们追求的目标。所有的员工都不用特意管理，各司其职，都能自动自发、称职地干着自己的工作，岂不更好？

就"无为"而言，企业管理者只有深入地去感悟这其中的道理，才能真正领略"无为"的思想魅力。在这里，管理者一般要经过三个阶段（见表1-2）才能做到无为而治。

表1-2 达到无为而治的三个阶段

| 第一个阶段：有为而妄为 | 在竞争无处不在的今天，不管是企业还是个人，都需要努力奋斗。很多企业在资本积累的同时，狂妄和浮躁也在急剧增加，日本的战略学家大前研一曾批判说："我认为中国人有点急躁。"这话虽然我们不爱听，但也的确有道理。中国企业后起而勃发，总是想走捷径，但往往脱离不了"妄为"，这主要是由于缺乏理想和正确的价值观。把企业继续做大做强，这是一种责任，也是企业家应有的志向 | 中国历史上"妄为"的例证是秦代。秦始皇是有为之君，灭六国而一统天下，万里长城成为民族象征，文治武功彪炳千秋，但强大的秦王朝仅14年就土崩瓦解了。秦始皇笃信法家思想，以暴政维系其强大的帝国，但激化了社会矛盾，到秦二世那里很快就灭国了 |

第二个阶段： 有所为有 所不为	"有所为"比较容易，可要"有所不为"就需要胆量和智慧。从"有所为"过渡到"有所不为"，这是一种管理模式的转变，需要具备深厚的管理功底和领导魅力，它必须具备完善的管理基础，领导者必须具备高超的领导艺术，否则很难成功。既要构建完善的管理系统，也要注意授权的节奏	万科的王石在刚开始授权给自己的总经理时，突然感觉很不对劲，因为他发现公司的很多事情他都不知道，有一种恐惧感。在与总经理沟通工作时，发现他工作激情没有以前那么高了，后来王石发现，原来是自己过多地干涉总经理的工作，很多细节也不放过，这如何让下属放手去干呢？决心"有所不为"的王石将权力逐渐下放，经过一年的反复磨合，他发现一切都海阔天空了，很多事他不用管，下面一样干得很好
第三个阶段： 无为而无 所不为	这是管理的最高境界，不具备深厚的文化功底和管理实践，是很难领悟这句话的深刻含义的。老子说："治大国若烹小鲜。"企业管理的最高境界就是让员工感受不到管理者的存在，他能够目标明确、自我管理、自我激励，把个人价值与企业价值有机地结合起来，在实现个人价值的同时，也为企业创造价值。这需要企业塑造优秀的企业文化	GE是世界上少有的多元化非常成功的企业，韦尔奇在总结GE成功的经验时说，GE虽然业务是多样化的，但是文化非常统一，用统一的文化代替了统一的业务，绝对不允许任何人对价值观有所怀疑、有所违背。GE也是高度授权的，各事业部权力很大，总部是战略和文化中心，看似"无为"，但已经是"无所不为"

　　"无为而治"的管理境界，是古今中外管理者所追求的最佳管理目标。在当今风云变幻的市场经济社会中，企业管理者应保持一份良好的心境，静观环境的变化，处乱不惊，统筹规划，灵活运用道家思想之精华，指导和规范自己的管理行为。

管理中"无为"的哲学基础

　　从哲学基础上认识"无为"管理艺术，首先要正确认识"无"

与"有"的含义。只有真正懂得了"无"和"有"之间的关系，才能明白老子所讲"无为"的含义，也才能指导企业管理实践。

一、正确认识"无"与"有"

老子指明，"无，名天地之始：有，名万物之母"，"两者同出而异名"。"天下万物生于有，有生于无"。显然，老子阐明的"无"，不是什么都没有，"无"是潜在的"有"，"有"是显现的"无"。无和有是事物存在的两种表现形式。无、有合二为一，融为一体，相伴相随。例如，无更多的限制，则有更多的自主……同出而异名。

综观世上万事万物，可分为两大类：一类是看得见、摸得着的，属于有形有象的事物；另一类是看不见、摸不着的，甚至听不到的无形无象的事物。前者人们比较熟悉，相关研究也较多，而对无形无象的事物，则研究难度较大。比如，人体经络客观存在，但看不见、摸不着。对于后者，比如"黑暗"一词，黑是一种可观的颜色，而暗则是一种视觉和心里的感觉。汉语中此类结构的词还有许多，像"光明"、"声音"……语言现象反映的是生活现象，表明事物有可以言传的，有只可意会不可言传的，或者说，有的靠感知，有的靠感悟。思维学家专门提出"意会思维"进行研究，是很有道理的。成语"不可思议"、"妙不可言"等指出了常规思维有不能达到的境地，即微妙的境界，故老子说："常有欲以观其徼，常无欲以观其妙。"

二、"无为"即是"有为"

老子指明万事万物发生发展的规律为："道生一，一生二，二生三，三生万物"，"道常无为而无不为"。无为不是不为，也不是消极无为。"无为"的正意是顺其自然，因势利导，则可无所不为。道，揭示的是规律。无为，即是按照客观规律办事。"人法地，地法天，天法道，道法自然"，最终"无为"要求的是遵循自然规律办事。"顺其自然"、"因势利导"是最高的法则，所以"无为"实质上是顺应自然规律的为，也是有为。

"无为"，即"无背道之行，顺自然而为"。汉字把"人"和"为"合而为"伪"，不正警示人们背道的人为是虚假的吗？只有"道"、"自然"才是真。要去伪求真，则需"无为"。柳宗元的名文《种树郭橐驼传》中以种树讲哲理，种树高手"能使树活得长，长得快，不过是按照树生长的自然规律，充分适应它的天性而已"，并不是人的能耐。这是"无为"思想的生动说明。

三、老子无为思想的现代管理学意义

从一定意义上讲，自由既是生命的最高价值，也是生命成长和价值实现的必要环境。那么，实践中是多一点约束好，还是多一点自由好呢？是倾向"有为"还是注重"无为"呢？在管理实践中如何实现约束与自由、有为与无为的辩证统一？这是一个复杂的管理哲学问题，需要运用智慧去解决。事实上，"有为"是企业管理的基本内容。所以，一个规范的公司，应该有周密的制度设计，有极其细致的行为规范，人们的每一步都有既定的安排，组织就如同一台大"机器"。

现代管理无疑是建立在科学之上的，科学理念是管理的基础。但是，在这种科学的背后，老子的智慧却可以将管理引入新的境

界——"大道"。不过，这种智慧不是可以即学即用的工具，而是一种思想的启迪和方向的指引。

实践老子的无为理念，首先应该准确理解老子的辩证思想。将老子的无为思想运用到现代管理艺术中，就是将日常事务的决策权下放，充分调动下属的工作积极性，管理者致力于战略方针的制定，各司其职、协力前进。管理者不置身于琐事，不费力于枝节，而要以自身的模范行动影响组织的共有价值观，在平和自然的气氛中实现组织的目标。但是，无为而治并不是排斥任何管制行为，而是要把握好组织行为的性质和程度，以不破坏事物的自然状态和保障人民的正常生活为原则。即避免扭曲事物之天性，凡不合适的事不强行，势必失败的事不勉强去做，而是委婉以导之或因势而成之。

实践老子的无为理念，要结合现代科技的发展，使之融会于现代管理之中。随着现代科技的发展，办公自动化和信息化迅速发展，虚拟空间技术也日益渗透到管理实践中。美国管理专家毕可斯描绘了这样一幅画面：由于信息技术的日益进步，未来企业的办公室内，看不到一个员工，有人选择在家或工作室工作，有人在外面拜访客户，所有的工作都可以通过网络进行。迹象表明：虚拟的办公室工作状态，已逐渐成为发展趋势。这种趋势，恰恰也对管理提出了新的要求。它打破了传统的权威管理和严格管理，意味着组织的分权，把权力从领导者手中分散到组织成员手中，成员获得了独立处理问题的机会。领导者则支持、指导、协调成员的工作，激发成员的潜能。这时领导就是集体智慧的网络，大家通过网络分享信息，形成一种"无为管理"的理念。所谓"无为管理"并不是取消管理，而是管理进入更高层次和更高的境界，人人都是管理者，都是重大决策的参与者，也是决策的执行者。管理达到如此境界，才能使领导者摆脱日常事务，面对未来，综观世界，审时度势，筹谋大计。貌似无为，其实是更加有为，更加有效率。

老子的自然无为之道，是一种高度的政治智慧，是一种高明的管理方式，反复体味这一思想，从中汲取企业管理智慧，可以使我们减少失误，少走弯路。

无为管理 VS 现代西方管理

由于经济全球化和市场竞争的需要，许多管理学家把注意力由西方的管理模式转向了中国道家的管理原则与管理方法，特别是道家"无为而治"思想，更是引起了他们的极大兴趣，并将这种思想广泛地应用于企业管理中。

一、中西方管理价值观的差别

中西管理思想的根本差异在于两者管理价值观的差别。所谓管理价值观，是对管理价值的不同看法，主要是对管理目的的认识，同时也内在地包含了对管理方法的基本取向的认识。

中西方管理价值观的区别是：从西方近代资本主义产生兴起以来，西方管理的基本价值观以发展为主题，是关于发展和要求发展的价值观，而中国传统的管理价值观则是以稳定为基调的，是关于稳定和要求稳定的价值观。

这两种管理价值观的不同起源于中西两种管理哲学乃至中西文

化的根本差异。中国古代哲学思想带有相当浓厚的整体思想。以中国传统文化的主体——儒家文化来讲，它强调"天人合一"，注重的是人与自然的联系与和谐。这种"天人合一"论哲学，是肯定世界和以宇宙为中心的；但另一方面，从总体上讲，它是一个顺应世界的伦理体系。这种宇宙中心的取向也使得世俗社会中"二元"意识缺乏张力，进而造成了中国古代封建社会只重认识世界而不去追求创造、改变世界，管理价值观上也追求稳定。

相比之下，西方管理思想则是一种系统分析论哲学。它是把作为整体的系统各部分分开来加以研究，并以要素组合来表现系统功能。这种哲学指导下的价值观，尤其是管理价值观则会追求发展。当时管理还相当落后，并且一般还缺乏科学的依据。因此，当时科技的成就和生产力发展的可能还远未被充分利用。为了进一步发展生产，就必须在管理方面有大的改变和突破，所以才有了科学管理运动的产生。在行为科学学派到现代管理理论丛林时期，从科学管理到管理科学，都是在追求发展的根本目的下，充分利用科技成就，将其运用于管理之中，这使得近代西方社会取得了巨大的物质文明成果。

中国长达两千多年的封建社会管理实践一直以稳定为其基调。在中国当代，宏观管理即是"治国平天下"，微观管理即是"齐家"，而无论是"治"还是"平"、"齐"，都带有非常明显的寻求稳定的含义。管理价值观的稳定含义则会要求管理方法、手段与之相适应。同样地，出于稳定的价值观追求，中国传统管理反对技术使得其在方法、手段上呈现出了模糊性、整体性、不确定性、不规范性和非优化的混沌特征。

相对于西方管理而言，中国古代传统管理哲学思想并非是原始的，也并非等同于西方近代和科学管理发展之前的状态。中国传统管理是一种极有特色的、完全有别于西方管理的管理哲学和管理方式。它在中国实行了两千多年而经久不衰，并成为一种文化积淀。应该说，中国传统管理有其原始的一面，但同时它也有一整套管理理论、管理思想和管理方法，在个人心理、人际关系、组织系统和管理文化等很多方面都有着极其深刻的论述和实例。

二、无为管理的魅力

"无为管理"这个概念的诞生具有突破性的意义，它是我国古代传统文化中"无为"思想体系与现代管理科学体系在一定历史条件与机缘下水到渠成的融合，是一门"青出于蓝而胜于蓝"的崭新的管理学科。

现代管理学认为，管理的职能就是控制。因此，现代管理学无法理解什么是"无为"，它只能主张有为。西方学者在翻译《道德经》时，通常把"无为"译成"Inactivity"即"不活动"。他们一直都很奇怪，无所作为怎么能达成管理的绩效呢？其实，老子所谓的"无为"并不是说管理者消极观望或无所作为，而是应该效法道在化育万物中的作为：看似无为，实质上无所不为。这就说明管理者的管理行为要以一种无声无息的自然方式展开，其依据为"人法地，地法天，天法道，道法自然"。

除此之外，对无为管理最形象的概括是"治大国若烹小鲜"。这句话包含了两层意思：一是"治"，指管理者要积极进行管理，而不是不管理；二是要求管理者尽量减少管理活动，就像烹饪小鱼一样，翻动多了，小鱼就会烂。西汉初年道家思想经过改造应用到社会管理活动中，取得了很大的成功。道家的无为管理实质上是把人的社会性减少到最低限度，通过恢复人的自然属性的方式来达到理想的管理效果。

老子的无为管理智慧为现代企业管理指明了一条最根本的道路。在竞争得你死我活、硝烟弥漫的商场，最好的管理者就要回归自我，保持人格独立，明白一切都在不停地转化，最自然、最朴素的管理方式也许就是最长久的方法。这方面的许多实例无不反映出无为管理的智慧魅力。

被誉为日本"经营之神"松下幸之助就是运用无为而治的管理思想来管理企业而获得成功的，当有人问松下幸之助"你的经营秘诀是什么"时，他强调："我并没有什么秘诀，我经营的唯一方法是经常顺应自然的法则去做事。"松下幸之助自然的法则其实就是老子无为而治的另一种表述。

GE 前 CEO 杰克·韦尔奇也认为，成功的企业家就是做到"无为而治"的企业家。他在《胜者为王》这本书中指出，走到一旁，充分放手，进行观望的企业家，就是最好的企业家。这一点与老子的论述非常相同。

苹果公司的创始人乔布斯走了，但苹果的市值一直是平稳的，其经营有条不紊，而且新产品的上市和研发不受任何影响。人们在谈论乔布斯时，大都赞美其卓越的创新力和过人天分，而忽略了他的高超管理技术——离开乔布斯企业虽然受一些影响，但只是微乎其微。这一点充分证明乔布斯无疑是中国管理智慧的践行者。

在当今之中国，第一代企业家已步入老年，其治理下的企业帝国是否能顺利接班和继续发展下去，其实不单单取决于第二代的能力和敬业精神，更要看第一代企业家是否为企业的基业长青构建了"无为而治"的管理理念和模式。中国的现代化在学习西方的同时，必须重视自己的国学遗产，以此来引领现代文明的方向。因为中国的管理智慧博大精深，魅力无穷！

无为管理在企业中的应用

无为管理在企业中的应用，在很大程度上是对人员的管理，或者说是以人为本。而要做到以人为本，无为管理则是必须秉持的管理指导思想，要不断在思想上提高认识，掌握社会发展的商业伦理。具体来说，必须做到以下三点：把握无为管理的有形与无形两大因素；明确实施无为管理的前提与过程；实现个体与系统之间的和谐。如图 1 - 2 所示。

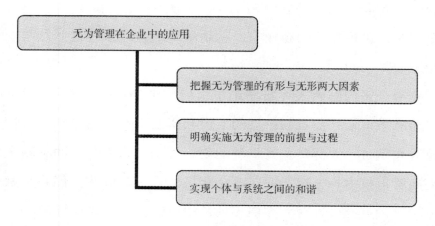

图 1 - 2　无为管理在企业中的应用

一、把握有形与无形两大因素

依照"无为管理并不是不管理，而是管理系统达到了有序、形成了规律，成为一种自然而然的管理状态"这一理念，企业的管理者与被管理者的思想意识必须达到高度统一，在工作中有着较强的责任心，工作技能上必须力求不断提高，如此方可实施无为管理。因此在实施无为管理的过程中，必须把握无为管理的有形与无形两大因素（见表1－3）。

表1－3　无为管理的两大因素

有形因素	系统内各个职能部门及员工能极为清楚地知道自己的职责并能敏捷地执行相关工作，包括处理相关问题，如此，员工必须有相当的业务能力。这种能力就是无为管理的有形因素
无形因素	系统内的所有员工在思想意识上必须趋向达到高度的统一，在各职能部门与职能部门之间、在员工与员工之间、在领导者与被领导者之间，必须始终明白企业发展的主体方向，明白各自的工作目标及所担负的职能而进行最佳的协作。由此，各部门的工作思路或员工的思想意识始终与上级保持高度统一，使个人围绕部门的思路，使部门围绕上级的思路进行统一有序的运作，这种具有凝聚力的、和谐协作的思想意识就属无为管理的无形因素

在管理实践中，有形因素与无形因素有机结合，才能达到无为管理。事实上，在无为管理过程中，有形因素相对容易把握，无形因素是较难把握的。也就是说，个人的业务能力是可以通过培训不断提高的，但个人的思想认识却不是那么容易提高的。很多时候，个人的思想意识必须要达到较高的境界，要有一种舍己为人、不计个人得失的全局意识精神。

舍往往是得的前提，舍往往成为得的一种契机，真心舍己为人，才能终有所得，《道德经》第七章中说："非以其无私邪，故能成其私。"这种思想是一种为人处世之道，即以无争而成为争，以无私而成为私，以无为而造就为。此中虽然仁智互见，但个人的思想意识必须要达到较高的境界，善为企业舍，则企业昌盛，企业昌盛之中则自有回报。明知此理，方可全面推进"无形因素"的理念及其提升，加以持续的技能培训、提升，使有形因素与无形因素有机结合，就能达到无为管理之境地。

二、明确实施无为管理的前提与过程

在实施无为管理过程中，人的技能固然很重要，但人的品质却是关键，完善无为管理的过程也是完善人性修养的过程，企业员工必须遵从一定的道德标准。这一点也说明了企业本身就必须有一个正确的健康的发展理念及方向，企业本质上是服务于社会，造福于人民群众的，这是无为管理实施的前提。

实施无为管理的过程是不断对事物进行调和的过程。这是因为，人与人之间的各种矛盾是普遍存在的，有激励的，有非激励的；有系统内部的，也有系统外部的。可以这样认为，个人与部门和、部门与企业和、企业与社会和，这一系列达到和的过程，就是消除矛盾的过程。矛盾是长期存在的，意味着和不是稳态的和，只是相对的和，或者说是暂时的和，事实上没有哪种事物能处于永恒的和的状态，所以实施无为管理的过程是不断对事物进行调和的过程。

三、实现个体与系统之间的和谐

了解"和"或"和谐"的意义，达到和的要求，是实现个体与系统之间的和的前提，也是实施无为管理时的一个关键。

和，具有和谐、和睦、亲和、有序之意。世界需要和，国家与国家之间、人与自然之间、地球与宇宙之间需要和，国家内部需要和，各行各业之间需要和，行业内部需要和，人的自身需要和，家庭需要和，人与企业之间需要和，企业与社会之间需要和。总之，和谐的社会需要我们每个个体自身和，而我们每个个体的和也需要社会这个大环境的和。和是人与社会的共同追求。

事物运化有序谓之和。和的层次是无穷尽的，和的层次决定无为管理的层次，是故，无为管理是有无穷层次的。也因此，低层次的和所体现出的是低层次的管理水平。或者说，要想提高管理水平，就必须提高和的层次。

随着人类社会的发展，我们在开拓企业市场经济的道路上，很有必要探寻企业发展背后的商业伦理和文化底蕴。探索企业作为一种生产管理体系，应该具有一种什么样的管理理念，来达到系统内部和谐，能够顺应社会进步发展，能够经久不息、坚不可摧地应对巨大迅速的市场经济的挑战；作为一个企业员工，应该怎样在创造财富的同时为企业着想，主动承担社会责任，使自己充分融入企业而成为企业中不可分割的一分子。

在一个企业中，个体的员工或者说个人是企业组织系统中的一分子，系统的和要靠个体的和来完成，只有各个个体达到和，整个系统才能充分达到和的局面。这种个体之和制约系统之和的关系又说明了个体之和的重要性。

事实上，个体的和可以由自身来完成，外界的因素也可辅之，靠自身来完成的属主动调和，靠外界来完成的属被动调和。通常，两者均不可缺。我们常听说某人的管理有条有理，也常听说某人的管理是混乱的。实际上，有条有理的管理是一种和的体现，混乱的管理是一种不和的体现。而加强人与人之间的沟通，是达到和的有效方式。沟通作为调和人与人之间关系的一种重要方式，可分为思想和行为两大方面的沟通。假如一个领导者不能有效地与系统内各部门及员工进行沟通的话，那一定是一个失败的领导者，或者说他不可能很好地进行领导。

"和谐是人与社会的共同追求"，这句话意味着人与人之间在潜意识里就有追求和的意愿。在企业中，领导者与被领导者之间，往往通过语言上的交流，达到思想上的沟通，在沟通的过程中，相互之间可了解到彼此的意愿或者是所希望得到的支持，从而达到你中有我，我中有你，进而获得彼此之间的信赖，形成一种凝聚力。这种凝聚力越强、越广泛，就越有利于工作的开展。领导对下属一句赏识或鼓励的话，可能给下属带来无穷的动力，也可能下属对领导工作表示支持的一句话，增强了领导开展工作的自信。这便是思想沟通达和的效果。沟通的方法很多，但不管是哪种方法，都不能脱离以诚相待。

思想上的沟通是达和的第一步，最终的和有赖于行为来体现或者实现。所谓行为就是在各自的岗位上积极向上地工作，通过工作上的具体表现来实现思想沟通所取得的和。这便是行为上的沟通。

总之，只有把握无为管理的有形与无形两大因素，明确实施无为管理的前提与过程，实现个体与系统之间的和谐，才能使管理者与被管理者在思想意识上形成高度的统一，在技能或业务能力上不断提高，我们才能有效地进行无为管理。

第二章　领导智慧：治大国若烹小鲜

　　《道德经》中说的"治大国若烹小鲜"，可以说是中华民族独有的治国经验。我们也可以从中看出老子的境界是多么高，胸怀是多么大。只有这样的思想家，才能把"治大国"和"烹小鲜"联系起来；也只有拥有如此境界和胸怀的政治家，才能把老子的这句话发挥到极致。今天，虽然社会的管理组织模式发生了根本性的变化，但古人的智慧仍能穿透寰宇。对于现代企业管理来说，治大国若烹小鲜的最高目标不是科学化，而是艺术化。它要求现代企业管理做到：合乎规律，顺乎自然；清静无为，切忌朝令夕改；希言自然，多干实事；以身作则方能潜移默化；和光同尘，人格魅力就是领导力。

领导哲学的五大特征

领导不仅是一门科学、一门艺术，而更应该是一种哲学。相比而言，领导科学、领导艺术是具有经验性和可操作性的研究活动，而领导哲学则是高层次的理论体系。领导哲学是关于领导观和领导方法论的理论，这种领导观和方法论不是各种具体的领导理论的原则、原理和方法，而是对之进行哲学的概括和提炼所形成的对于领导的根本看法和总的观点。概括地讲，领导哲学所研究的是：一个主要矛盾，两个基本问题。

所谓"一个主要矛盾"就是领导主体与领导客体的矛盾。领导哲学中所研究的一切问题都是围绕着这一主要矛盾而展开的，都是这一主要矛盾的各个层次、各个侧面的不同表现。领导活动是以人类社会实践为基础的。所谓"两个基本问题"，就是组织与个人和组织与环境的问题。这两个基本问题是领导主体和领导客体这一主要矛盾的集中表现和进一步展开。领导活动是人的活动，也是针对于人的活动；领导的主体是人，领导的客体主要也是人。

领导的一切职能都是通过人来实现的，人是一切领导问题的中心。领导主体和领导客体的矛盾就集中地表现为领导过程中人与人之间的特定关系，而这种关系进一步展开为组织与个人的关系和组织与环境的关系。

领导哲学具有以下这些特征。如图 2－1 所示。

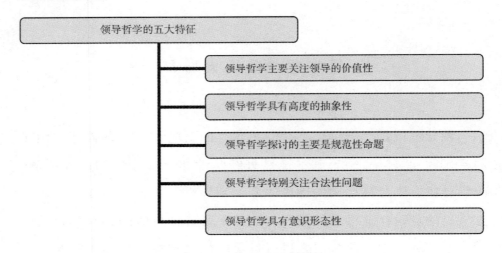

图 2 -1　领导哲学的特征

一、领导哲学主要关注领导的价值性

领导哲学经常被看成哲学、伦理学或者政治伦理学思想体系的一个方面。领导哲学探讨的是领导的价值和价值之源的问题，领导哲学是人文性的，它是领导的文化意义。由此，领导哲学主要不是寻求现实领导规律的实证科学，而是对于领导意义的持久探索。

领导哲学的价值性特征意味着领导哲学有一种反映现实的或者超越现实的性质，它可以是理想主义的反映，包括人类理想的领导模式的设想和论证，也有着不同于经验科学的真理性的评判标准。

领导哲学不仅注重领导的目标，关注目标的价值性，而且还注重领导实践的价值性，也就是说不仅重视领导目标方向的正确性，而且关注领导方法、领导技术、领导手段的科学性、人文性。可以说，领导哲学就是以领导价值为研究核心的学科。

二、领导哲学具有高度的抽象性

领导哲学的研究对象主要是领导的观念与精神，这并不意味着领导哲学不关涉经验事实，但它主要不是描述事实，而是在一定的价值判断基础上，对领导事实做出评价。

在观念特性上，领导哲学是较为"纯粹"的观念形态，是观念、思想的系统化、理论化，它既可以是一种导向和规范，也可以是一种批判，它具有超越现实的特性。

领导哲学与其他领导观念、领导思想之不同，在于它的抽象程度最高，它主要讨论较高抽象程度的概念和范畴，但这并不意味着领导哲学只是某种最高的或者具有某种终极性的知识，它主要是价值性的知识，而并非无所不包的知识体系。

三、领导哲学探讨的主要是规范性命题

领导哲学关心的是目标和价值观念，它是对于人类领导活动的意义和基本价值的评价体系，它是关于领导活动的一般准则和导向的知识。在对于领导问题的讨论中，它采用的是应然的规范性命题，以与实然命题相区别。

在研究领导哲学的规范性时，需要指出的是，领导哲学的规范性命题有着与领导事实相区别的意义。换句话说，领导哲学的真理性同领导现实的事实性之间并没有直接的对应关系，它的真理性在规范范围内具有意义。

另外，领导哲学的命题又具有社会功能，但此功能的实现具有某种超现实性。也就是说，它的规范意义与法律、道德的规范意义

有所不同，主要体现为倡导和引导而不具有强制性。

四、领导哲学特别关注合法性问题

领导哲学是领导思想的出发点和基础，是人们对于领导价值、领导活动普遍意义的探索和追求以及对政治秩序合理性的论证，因而它的价值和规范性，就成为领导哲学的主要构成部分。合法性问题是领导哲学的主要问题。

合法性问题是与领导现象伴随而来的。一般地说，它是关系到领导关系和行为的正当性的取向和信念。在传统的西方政治文化中，它被称为正义。在中国传统政治文化中则常常以道、道理、天理、德政、公道等来表现。

合法性不仅来自制度和程序层面的信任，更重要的是对制度和程序背后的道德共识的信念。合法性是领导哲学的重要问题，这是由领导在人类政治行为和政治关系中的中心地位所决定的。

一方面，领导的合法性必然基于一定领导哲学基础上的价值与信仰；另一方面，领导哲学既可以成为领导合法性的依据，也可以成为对现实领导的批判，甚至起到某种颠覆性的作用，领导哲学反映了人们对于领导合法性问题的持续探寻。

五、领导哲学具有意识形态性

领导哲学由于具有上述特征，不可避免地具有意识形态性。

一般地说，意识形态是思想和观念在人类社会中的支配作用的问题，思想和观念是人类认识的产物，但是思想和观念产生后反过来成为人类社会和人的精神的统治者与认识的支配者，思想和观念体系对人的统治和支配，就是意识形态现象。

从社会功能上说，意识形态又是一个实践的概念，意识形态本质上具有指导社会实践的功能，它既可以是国家和社会统一的思想基础，也可以作为社会阶级和社会集团的思想基础参与社会的冲突。领导哲学一般是占统治地位的阶级所倡导和宣扬的价值观念和精神。

总的来说，领导问题作为管理研究的一个重要领域，无论是东方还是西方，人们都多有探讨。然而，从当今研究现状来看，主流的现代西方领导学更多地停留在科学和技术层面，对管理"科学"方面的过多强调，导致管理实践的机械化。其实，领导问题的研究不仅是一门科学、一门艺术，而更应该是一种哲学。相比而言，领导科学、领导艺术是具有经验性和可操作性的研究活动，而领导哲学则是高层次的理论体系，它所关注和指涉的是各种知识领域中的深层理念，如各种具体学科研究的出发点、前提假设和一些基本原则、文化信念及思维方式等。

合乎规律，顺乎自然

无为管理是一种比较高深的领导哲学，主要体现为合乎规律，顺乎自然。因此，企业管理者不仅不能做违背规律的事，而且要顺乎自然。在这里，我们不妨这样来理解"合乎规律"与"顺乎自然"：合乎规律就是企业管理的社会属性，顺乎自然就是企业管理的自然属性。企业管理是自然属性和社会属性的统一。

一、企业管理的基本规律

企业管理的社会属性包括社会环境、社会制度、社会关系、社会文化、社会作用等要素，强调的是合乎管理规律。企业管理有四大基本规律，即优势战略制胜规律、全面创新规律、人企合一规律和自我积累规律。见表2-1。

表2-1　企业管理的基本规律分析

基本规律	规律释义	实操原则
优势战略制胜规律	优势战略制胜规律是第一规律，即以市场—社会需求为导向，以核心能力为基础的优势战略制胜规律。在市场、技术快速变化和竞争日益全球化的环境下，原有的管理方式已不适应生产力发展的需要。企业必须探索、建立以培植企业核心能力为战略目标的管理方式，制定并执行以市场需求为导向、以核心能力为基础的优势战略制胜规律	优势战略制胜规律是我国企业经营管理的首要基本规律。在当前转型时期运用这一规律要遵循以下原则：①需求导向与遵循国家战略意图相结合的规律。②长短期计划相结合，战略先导的规律。③能力培植优先，任务与能力相匹配的规律
全面创新规律	全面创新规律是第二规律，即以战略为导向，以技术核心能力为基础的全方位创新规律。持续的技术创新是企业获得持续竞争优势的重要保证，而有效的技术创新离不开组织文化创新和制度创新。因此以战略为导向，以核心技术能力为基础的全方位创新规律是我国经营管理中的又一条重要规律	在运用这一规律时，特别是在转型期必须遵循和把握以下原则：①目标导向。技术创新要以企业战略目标为导向。②匹配协调。技术创新要与组织创新、制度创新等匹配协调。③组合创新。创新要积极运用组合创新的新范式。组合创新是企业有效创新的根本途径，包括多个方面：渐进创新与重大创新组合、产品创新与工艺创新组合、技术创新与制度创新组合、自主创新与协作（外源）创新组合。其中前两个方面是企业组合创新的基础层次，后两个方面则直接决定企业组合创新效益的实现。④积累投入。技术创新要注重技术积累，加大研究与发展的投入。⑤机制配套。完善技术创新机制和技术创新系统是持续创新的重要保证

人企合一规律	人企合一规律是第三规律，即凝聚以知识工作者为主体的全体员工，运用多种激励手段，充分发挥他们的创造性与积极性，融育人和用人于一体的人企合一规律。现代企业之间的竞争实际上是人才的竞争。在知识经济时代，知识工作者在企业中的重要性日益凸显。企业要从战略的角度制定并执行一整套吸引、培育、发展、留住和凝聚人才的策略，以增强组织资本，同时把平衡员工的工作与生活作为企业的主要目标之一，以谋求企业员工的共同发展	在转轨时期，企业在运用这一规律时要遵循以下原则：①注重培养凝聚力。从思想、感情和愿景上将员工融入企业生命体中。②激励。建立有效的激励分配制度，发挥多种激励的组合效应，充分调动人的积极性。③向组织资本转化。以核心能力为重点，根据企业经营战略的需要加强人力资本投资，促进个体资本向组织资本的转换。④集权与分权相结合，增强集中领导为先的原则。构建有机的组织结构体系，有效地实现分权和集权的动态结合。⑤坚持企业与员工的共同发展
自我积累规律	自我积累规律是第四规律，即以节约劳动为基础，重视资本增值的自我积累的规律。对任一企业而言，生存是前提，发展是目的，而这两者都离不开积累。积累既可能是以节约劳动为基础的内向型积累，也可能是通过资本运作的外向型积累。企业发展和积累的过程，也是资产实现增值的过程。因此，以节约劳动为基础、以资本增值为目标的自我积累、自我发展是企业在经营活动中应遵循的一条普遍性规律	在转轨时期，企业在运用这一规律时要遵循以下原则：①坚持劳动生产率增长率大于职工平均收入增长率。②节约劳动。加强成本管理，寻求降低成本的新途径。③资本增值。加大资本运营力度，积极拓宽融资渠道，合理运用社会资本。④约束监督。加强企业财务监督，杜绝贪污浪费

以上诸规律可以概要地用一句话来综合描述，即"战略制胜、全面创新、人企合一、自我积累"。这些基本规律也可总述为：在充分发挥企业员工和经营者积极性和创造性的基础上，构建先进扎实的技术基础与管理基础并形成和发展企业核心能力，以市场和社会所需的优质产品和服务满足人民增长的物质与文化的需要并增加企业的积累。

二、企业管理如何做到"顺乎自然"

企业管理的自然属性是指管理者要处理人与自然的关系，合理组织生产力，它是一种对人、财、物、信息等资源加以整合与协调的必不可少的过程。包括自然条件性、客观规律性、自然创造性、科学性、信息特征等要素。事实上，企业管理的自然属性鲜明地体现了老子"顺应自然"的思想。

老子认为，"道"即是万物，道统万物，因此老子强调人们应该学会认识"道"，学会顺应自然。在他看来，统治者若能顺其自然，则"万物将自宾"。就企业而言，企业管理者所做的一切同样应该顺乎自然，使被管理者各得其所，各尽本分，这一切都十分和谐自然，被管理者丝毫感觉不到领导的压力，甚至感觉不到领导过程的存在，感觉不到管理者的存在。企业大治而员工不知，这才是企业管理的最高境界。

老子曾说过"人法地，地法天，天法道，道法自然"。也就是说，事物本身按照它自身的规律自然而然地发生和发展，不需要任何外在力量的强制和干扰。因此，无为而治领导思想，即顺乎自然，并遵循自然规律来引导事物的发展方向和轨迹，以一种正确的、自然的"有为"方法去实现"无为"、"无不为"的领导目的。这也是领导活动的最高境界所在——以"法自然"的思想引领整个领导过程。

老子反复强调：天道自然无为，人道应该遵从天道，顺其自然，实践无为。因此，企业管理者应该掌握"无为"的艺术，顺乎自然，按照自然变化的规律与法则办事，才会有所作为。

清静无为，切忌朝令夕改

老子认为，要使国家安定，就必须清静无为，不能朝令夕改或者政令频出。他打比喻说"治大国若烹小鲜"，意思是治理国家如同煎小鱼一样不要经常翻搅，认为当政者不要以繁苛政务扰乱民众，而要坚守清静无为的思想，用他的话来说就是"以道莅天下"。在现代企业管理中，清静无为，对朝令夕改的思想起着重要作用。

一、清静无为思想及其在现代企业中的应用

"清静无为"亦作"清净无为"。其中"清静"指清心寡欲，"无为"则指的是对万物发展不加干预，任其发展。老子说"清静为天下正"，就是说人若清静，就会正确地去立身处世，如做人正派，做官公正廉明等。在《道德经》中"清静"和"无为"是两个颇类似的范畴，同时，它和"寡欲"也有一定的联系，它们都是"道"的部分表现。在后来的道教中常以它的"无为"、"寡欲"作为一个连用的术语，如《道经》中所说的"清静无为"或"清心寡欲"。

企业管理做到清静无为，从社会角度看有更大的利益可谈。大自然的清静无为，表现在万物回归根本，各居其所，据守根本，互不相争，做到原本是什么就安然于什么，是花就开，是鱼就游，是猴就跳。同理，整个企业界大大小小，门类不同的企业，如果都不知道本位是什么，都不安于本位，都处在无休无止的"妄为"之中

的话，后果将不堪设想；办企业要知道自己最适合干什么，不能错误地以为自己好像什么都能做，那样必然是"妄为"多多，危险重重。因此，从社会管理的角度讲，确实应当有一套运用起来灵敏、可靠的"宏观调控"机制。这套机制的作用就在于"调控"企业行为，其"调控"目标应当是致力于保持企业的"清静"、"无为"。

如果员工在相当宽松的环境下工作，可以自由上下班，在这种轻松的氛围中，员工的工作效率更高，可为公司创造更多的价值。换个角度来说，是管理者无为的管理模式创造了更多的价值。领导者的行为要顺应自然、社会发展的规律，并按照规律去制定相应的法律、制度，不轻易变更；人们在这样的法律、制度下，尽情发挥自己的聪明才智，努力去做，这才是"无为"。

二、企业管理切忌朝令夕改

企业管理切忌朝令夕改强调的是政策和制度的连续性。而连续性的关键就在一个"定"字，即锁定你想要的位置，咬定青山不放松，坚定不移地坚持下去，不要左顾右盼，朝三暮四。如此，企业才有可能成功。

政策和制度永远没有最好的，只有最适合的。今天你可能觉得找到了最优化的政策和制度，把原先的政策制度推翻了，然而还没来得及高兴，明天灵光一闪又想出一个更好的，明天再把今天的政策制度推翻了，周而复始，你永远把时间花在寻找最好的政策制度上而不是执行上，你那自以为最好的政策制度也永远不能贯彻落实，因为谁敢去落实呢？今天落实了明天可能又得重新再来，谁知道这个善变的老板明天又会出什么花招呢？还不如干脆耗着，最终企业的大好前途就这样耗掉了！

相比之下，政策制度连续性强的企业，其领导者深知企业政策和制度就像国家法规一样不能随意朝令夕改，他们也深谙政策和制度没有最好只有最合适的，因此他们总是坚定不移地朝着他们既定的方向和既定的目标前进，最终必然走向成功。另外，政策和制度的朝令夕改，也体现了一个企业的诚信度问题。

一个今天承诺明天变卦，今天签字画押没几天就作废的老板，肯定是一个没有信誉的老板！一个没有信誉的老板不值得跟随，一个朝令夕改的企业不值得留恋！

企业管理需要一整套的管理制度，而管理制度与管理者的思想、企业的现状和需求有着密切的关系。要想制定的制度具有较高的稳定性，那就要深思熟虑，不能想起什么是什么。对一个方面的管理制定出一个制度可能很容易，但是这会产生一个链接密合问题，制度和制度之间，当下的管理内容和以前的管理内容和方式之间，有没有脱节呢？在没有对整个系统和格局考虑周全的基础上就贸然出手，往往会产生"抓了芝麻却丢了西瓜"的后果。因此，要善用道家的"治大国若烹小鲜"策略，在管理框架上做调整时要慎之又慎。

希言自然、多干实事

希言自然中的"希言"，字面意思是少说话，老子在这里指的是统治者要少发号施令、不扰民。希言自然是说真正的"道"总是自然运行而无须多"言"的。老子认为，统治者只要相信道，照着做，就自然会得道，反之就不可能得道。在企业管理中，希言自然强调的是少讲空话，多干实事。

对于希言自然，老子举出自然界的例子，说明狂风暴雨不能整天刮个不停、下个没完。天地掀起的暴风骤雨都不能够长久，更何况人滥施苛政、虐害百姓！这个比喻十分恰当，有很强的说服力。老子通过比喻来告诫统治者要遵循道的原则，遵循自然规律，暴政是长久不了的，统治者如果清静无为，那么社会就会出现安宁平和的风气；统治者如果恣意妄为，那么人民就会抗拒他；统治者如果不讲诚信，老百姓就不会信任他。

纵观古今中外的历史，施行暴戾苛政的统治者都是短命而亡的，秦王朝之所以仅存 14 年，就是因为秦朝施行暴政、苛政，人民群众无法按正常方式生活下去了，被迫揭竿而起。历史是一面镜子，它照出的一条真理就是：统治者清静无为，不对百姓们随意发号施令，强制人民缴粮纳税，那么这个社会就比较符合自然，就比较清明淳朴，统治者与老百姓相安无事，统治者的天下就可以长存。

希言自然、多干实事的核心是"实干精神"，是与"实事求是"、"求真务实"一脉相承的，是辩证唯物主义和历史唯物主义一以贯之的科学精神。因此，企业领导者要从"空读误国，实干兴邦"的高度来认识希言自然、多干实事的重大意义，大兴求真务实之风。

一、希言自然、多干实事是确保企业完成各项目标任务的客观需要和必然要求

对于企业来说，在确保完成企业各项目标任务的实际工作中，唯有希言自然、多干实事，才能出效益，具体的做法见表2-2。

表2-2 领导者希言自然、多干实事的具体做法

找准定位，做实责任	每一个企业管理者都要对自己企业的发展能力、盈利能力做到心知肚明，对标一流、找准差距、持续改进，时刻清楚"我是谁"、"我在什么地方"、"我要到哪里去"以及"如何从此岸移到彼岸"，要明确责任、落实责任，做最好的自己，对企业负责、对员工负责、对自己负责
把握重点，有的放矢	紧紧抓住企业当前的发展重点，用"按系统、分层次、程序化、责任制"的方法，做到横向到边、纵向到底，实现全员覆盖、合力推进、务求实效
务实和谐，同心跨越	要实现企业的目标任务，必须大力发扬"人人争先、人人创新"的精神，必须下真功夫、花大心血，必须务实和谐、同心跨越，要有"众里寻他千百度"的毅力和"衣带渐宽终不悔"的韧劲，要转变作风、真抓实干、迎难而上，努力开创企业减亏增效良性发展的新局面

二、希言自然、多干实事是企业凝聚人心、团结员工的强大动力

邓小平同志曾经说："人民是看实际的。"因此，企业领导者就要"拿事实给人民看"，要"埋头实干"、"少讲空话，多干实事"。领导者务必改变那种只靠发指示、说空话过日子的坏作风，具体措施见表2-3。

表2-3 领导者改变不良领导方略的具体措施

强化"领导就是责任"的意识	企业领导的责任就是把员工的积极性、主动性和创造性调动起来、发挥出去。领导干部要身体力行，率先垂范，发挥先进性，要求员工做到的，领导要先做到，使"希言自然、多干实事"成为一种企业风尚、行为规范、是非标准，成为推动企业发展的巨大物质力量
做实全员责任	企业领导要在扎实推进建设学习型、创新型、责任型、智慧型企业的过程中，带领全员对标学习、对标挖潜、对标一流、对标创造，使"希言自然、多干实事"在每个员工心中落地生根。领导干部还要按照全面责任管理的要求，从目标出发，自上而下追究责任，建立责任倒逼机制，紧紧围绕"当前各项工作目标任务"这个中心，带头出实招、干实事、求实效
促进企业文化落地	企业领导者必须坚持把希言自然、多干实事作为出发点去选人才、用人才、育人才，把多干实事作为评判一个人才的重要标准，按照人才计划，大力实施"人才强企"战略，统筹推进经营管理、专业技术和技能操作三支人才队伍建设，为确保企业完成各项目标任务和企业未来发展提供强有力的人才支撑

三、希言自然、多干实事是推动企业科学发展的重要抓手

希言自然、多干实事作为被实践证明了的马克思主义辩证唯物主义和历史唯物主义的科学世界观、方法论，是继续引领企业探索发展规律、实现科学发展的根本保证。企业要自觉坚持把希言自然、多干实事作为推动企业科学发展的重要抓手，把握规律、找准矛盾、破解难题，具体见表2-4。

表2-4 推动企业科学发展的重点

在推动企业科学发展上下工夫	以创先争优为动力，始终坚持发展为第一要务，着眼于总量增加，结构优化，节能降耗，保护环境，提高效益，实现规模与质量、效益的统一，实现企业与环境、资源的协调发展。同时，进一步培育同心文化，打造企业软实力，为企业实现"出精品、出人才、出效益"提供文化土壤

续表

在破解经营难题上下工夫	以增强企业发展能力和核心竞争力为出发点，面对经营难题，找准症结，敢破敢立，攻坚克难，务求实效；树立价值思维理念，树立精品意识，增强责任意识，着力解决责任制大而化之的问题，实现经营管理精细化；激发全员创造力，以只争朝夕、时不我待的精神，争创一流业绩
在提升盈利能力上下工夫	围绕经营管理工作中的重点、难点，进一步加快由生产型向经营生产型企业的转变，立足于市场抓经营，提升价值创造力，实施经营综合治理，着力提升企业营利能力
在加强组织建设上下工夫	以确保"出精品、出人才、出效益"为统揽，以正在做的事情为中心，进一步分级加强基层组织建设。领导干部要努力做到眼界宽、思路宽、胸襟宽，不断提升分析问题、解决问题的能力和驾驭全局的本领；在生产经营和管理工作中充分发挥先锋模范作用，勇于自我加压，做"最好的自己"，成为负责任的人才
在促进企业和谐发展上下工夫	充分发挥企业组织在构建和谐企业中的作用。坚持以人为本，努力解决广大员工最关心、最直接、最现实的问题；加强新形势下的思想政治工作，及时疏导和化解企业内部矛盾；建好网上精神家园，积极为员工搭建起有效的诉求通道和精神乐园，为职工快乐工作提供平台；进一步改善职工的生产和生活条件，促进职工和企业共同发展、和谐发展

四、希言自然、多干实事是排除万难、成就事业的基本途径

"希言自然"、少讲空话是"多干实事"的重要前提，"多干实事"是"希言自然"的具体体现。企业扭亏增效，需要各级领导干部进一步增强大局意识、责任意识和忧患意识，求真务实，攻坚克难，扎实苦干，顽强拼搏，进一步降成本、增收入、提效益，确保各项工作目标的实现，具体途径见表2－5。

表2-5　企业成功的基本途径

做大"降成本"文章	紧抓"成本"这个核心，在与同区域同类型企业对标中找差距、破"瓶颈"、控成本。深化经营对标管理，抓实"降耗"，优化经济指标；强化全面预算管理，杜绝浪费，严控财务费用
做实"控风险"文章	通过进一步强化资金管理，提升财务风险和运营风险预警与掌控能力；深入实施"走出去"战略，进一步提高企业的市场占有率，加快提升多种项目市场竞争力，增加新的利润增长点；强化内部审计监察工作力度，确保企业阳光运行
做强"抓减排"文章	高度重视节能减排工作，强化"耗排"指标考核，确保达标排放；对照同行业、同类产品一流指标值，找差距、定措施、抓整改，提高经济清洁运行效率和企业运营效益；完善和维护好环保在线监测系统，强化对环保设施运行状况的监管，确保高效运行；高度关注国家"十三五"节能减排的政策动向对企业提出的新要求，及早谋划措施
做优"强机制"文章	着眼企业科学发展上水平，做实全面责任管理和全员业绩考核，进一步优化权责对等、高效协同的管理和运营机制。在进一步健全创新机制、人才机制、文化机制的基础上，构建生产经营长效机制，促进全员实施精益管理，切实提高企业运行质量，实现可持续性发展

总之，企业领导者应该着眼于正在做的事情，着眼于新的实践和企业未来的发展，在思想上求实、作风上务实、工作上扎实，以实干的成效来诠释希言自然、多干实事的丰富内涵。

以身作则方能潜移默化

一件事情成败的关键往往就在心态上，有很多企业领导者认为，管理就是管下属。事实上，这些只想管别人的领导者根本管不好别人，也管不好企业。只想管别人的领导者一动念头就要往外去求，没有从自己去求。都是要求别人好，都是要求别人做，而自己却不做，没有这个逻辑，这是行不通的。历史上的无数事实证明，唯有以身作则，方能潜移默化！

　　春秋时期的圣人孔子很有智慧，很多国君一见到孔子必定会问他"怎么治国、怎么管理"。而鲁国大夫季康子问孔子怎么样管理，怎么样从政，问了好几次。孔子跟他讲："政者正也，子帅以正，孰敢不正？"其实孔子回答的核心，就是自己先做好。政治的"政"，其实就是先端正自己。这个"子"是对季康子的尊称，意思是季康子自己带头做好，谁敢做不好呢？因为你是一国的带头人。同样，在企业中，员工也时时都看着领导，领导怎么做，他就效法去做，正所谓"上行下效"。

　　作为企业领导者要以身作则，要求下属做到的事情自己首先要做到，这样才能够起到良好的带头作用。子曰："其身正，不令而行；其身不正，虽令不从。"就是说，当领导者自身端正，做出表率时，不用下命令，被领导者也就会跟着行动起来；相反，如果领导者自身不端正，而要求被领导者端正，那么，纵然三令五申，被领导者也不会服从的。所以领导者做好表率很重要，只有以身作则，做好榜样才能令行禁止。否则，虽有法令，不能推行，那断然称不上一个合格的领导者。

　　在现代企业管理实践中，领导者要做到以身作则，就必须提升基本素质，并在管理实践中实施"言传"和"身教"，为员工树立标杆。通过提升个人素质和言传身教，能够在潜移默化中收获最佳管理效果。

一、恭、宽、信、敏、惠是企业领导者要具备的五大基本素质

　　企业领导者要想干成一番事业，自身必须具备一些基本素质，概括起来就是恭、宽、信、敏、惠。据《论语·阳货》中记载，孔子的学生子张问仁于孔子，孔子说："能行五者于天下，为仁矣。"子张问是哪"五者"，孔子告诉他说："恭宽信敏惠。恭则不侮，宽则得众，信则人任焉，敏则有功，惠则足以使人。"孔子认为，庄重就不致遭受侮辱，宽厚就会得到大家的拥护，诚信就会得到上司的任用，勤敏就会工作效率高、贡献大，慈惠就能够使唤人。在孔子看来，能做到恭、宽、信、敏、惠五点即可。其实，这五点也是现代企业领导者必备的基本素质，具体含义见表2-6。

表2-6　领导管理中的恭、宽、信、敏、惠

恭	即领导者要庄严稳重，"与人恭而有礼"（《论语·颜渊》）。"子温而厉，威而不猛，恭而安"，是说孔子温和而严厉，有威仪而不凶猛，庄严而安详。领导者要时常提醒自己"貌思恭"（《论语·季氏》），切不可以领导者自居，处处摆架子，盛气凌人，趾高气扬，目空一切，这样的领导迟早要成为孤家寡人，最终众叛亲离
宽	即领导者要不计较下属的小错误，要厚德载物，有容人之量，"无攻人之恶"（《论语·颜渊》），就是待人要宽厚，不要总是批评别人。宽厚能得到大家的拥护。从为他人着想的角度出发，孔子提出要"己欲立而立人，己欲达而达人"（《论语·雍也》），就是要善于换位思考，推己及人，自己想要自立于社会，希望别人也能够自立于社会，自己想要达到某种理想目标也希望别人能够如此。一旦能够做到事事、时时、处处为他人着想，那么构建和谐社会就不再是一句空话。反之，如果领导者丝毫不顾及下属的切身感受，死抓住下属的一点小过失不放，甚至大做文章，一棍子打死，那么，这个部门就会是死水一潭，缺乏生机活力，人心尽失，它迟早会衰亡
信	即领导者要言而有信，一言九鼎，说到做到，绝不可信口雌黄，道听途说，言而无信。人不讲信用，不知道他还能做些什么，何况一个领导呢？当今社会的领导对"信"应该有着清醒的认识，要取信于民，政策要保持连贯性，不能朝令夕改，令百姓无所适从
敏	即领导者的工作作风要雷厉风行，"敏于事而慎于言"（《论语·学而》），说话谨慎而做事敏锐。俗话说，勤能补拙，勤奋敏捷能弥补个人的许多缺陷。领导者要倡导勤勉的工作作风，力戒懒散拖沓

惠	即领导者要牢固树立以人为本的理念。以人为本绝不是包庇、纵容和迁就，下属如果出现了原则性的错误或重大过错，领导者就不能心慈面软，手下留情，要秉公执法，一视同仁。领导者要时刻惦念企业员工的切身利益，为社会谋发展，为下属谋福祉，提升下属的幸福指数，这才是真正的以人为本

二、企业管理实践中的"言传"和"身教"

一旦领导者的言传身教示范行为被"注意"之后，下属一般需要重复所观察到的行为。领导者的一部分任务就是为下属练习"自我管理"提供机会，并鼓励他们通过示范来学习。

言传即用言语表达或传授。话语是很重要的，通过话语方便进行思想引领，能把人的认识提到相应的高度。在这方面，通过理性说服实现有效沟通显得十分重要。通过理性说服影响别人是一种重要的策略，领导者不仅要对此有深刻理解，还要掌握一些技巧。管理工作所必需的理性说服涉及使用符合逻辑的观点和事实证据来使另一个人相信一条建议或者要求是可行的，并且是可以达到目的的。总的来说，要使理性说服变成一种有效的策略需要自信以及仔细的研究，对明智和理性的人来说它可能是最为有效的。

与言传相比，身教更为重要。作为企业领导，光有话语是不够的，还要靠行为。要提高商业效益，老板首先要以身作则，起好带头作用。

有这样一个老板，当他告诉下属要加班赶点时，自己却在下午五点准时下班然后打高尔夫球了；还有这样的一位主管，当他在为其他人因上网浪费工作时间而批评不已时，自己却在下午上班正忙的时候在线"淘宝"；还有一位首席财务官在刚提出裁员以节省不必要的开支的同时，自己却购买了整套崭新的豪华办公室家具。相信大家肯定没少见过这样的人吧？在公司里，没什么比有一个"说是一套，做又是一套"的领导更为糟糕的事了。当这样的事确实发生时，你完全可以想象领导和员工之间已经失去了工作的激情以及美好的愿意。

在企业部门中，部门员工常常会模仿一个经理的好习惯。例如，一个经理习惯在下班前把办公桌清理一下，把没干完的工作装进包里带回家，坚持当天的事当天做完。尽管这个经理从未要求过他的助手和秘书也这样做，但是他们每天下班时，也常提着包回家，由此可见以身作则的作用。加强领导者的示范，目的在于让下属产生良好的"自我管理"的欲望，而不是时时都要领导者紧盯着。只有调动员工的积极性、主动性，发挥他们的创造性，才能使管理工作卓有成效。

总之，企业领导者要通过以身作则来领导或者影响他人，并通过自身的行动来传播企业文化的价值观和各种期望。尤其是在项目面临艰难局面时，领导者也许要每周工作 65 小时，以带动其他员工更卖力地工作。

和光同尘，人格魅力就是领导力

"和光同尘"本出自《道德经》第五十六章："和其光，同其尘。"意即不露锋芒，不自以为是，不自视清高，不脱离群众，和常人打成一片。"和其光"，就是在发展和创造性方面，要"和"，要在发扬个性，维护多样性、丰富性的基础上积极融和；"同其尘"，就是在保持相对稳定方面、在基本原则方面，要"同"，要一律平等，一样严格地遵守规则。和光同尘也是老子"无为而治"思想的具体体现。

"和其光，同其尘"，用现代话来说就是共享光荣、分担艰难、同甘共苦。从古到今，得道之人往往能够和光同尘，即不事张扬，小心谨慎，深不可测。魏晋时期"竹林七贤"以阮籍、嵇康为精神领袖，他们在正史名士中最富人格魅力。尤其是嵇康的人格风仪，仙风道骨，堪称"真名士自风流"。杨善洲为什么受到人民群众的称颂和爱戴？因为他就是老百姓中间的一分子，就像一滴水融入大海之中，达到了"和光同尘"的境界，他走在大街上经常被老百姓叫过来帮忙干活，所以人们才亲切地称他为"草帽书记"。

在企业组织中，一个不了解部下心理和想法的企业领导，想在员工中树立良好的形象，那是不可能的。尤其在今天的自由竞争中，如果不能和其光，同其尘，而一意孤行，脱离现实，一味与员工背道而驰，根本行不通。在现代企业管理实践中，如果企业领导者能够做到和光同尘，那么他的人格魅力就是他的领导力。

一、领导者人格魅力之"五力"

人格魅力是由一个人的信仰、气质、性情、相貌、品行、智能、才学和经验等诸多因素综合体现出来的一种人格凝聚力和感召力。香港著名企业家李嘉诚在总结他多年的管理经验时说：如果你想做团队的老板，简单得多，你的权力主要来自地位，这可来自上天的缘分或凭仗你的努力和专业知识；如果你想做团队的领袖，则较为复杂，你的力量源自人格的魅力和号召力。由此可见，领导者只有把自己具备的素质、品格、作风、工作方式等个性化特征与领导活动有机地结合起来，才能较好地完成执政任务，体现执政能力；没有人格魅力，领导者的执政能力难以得到完美体现，其权力再大，工作也只能是被动的。

领导者的人格魅力可以概括为以下"五力"，见表2-7。

表2-7　领导者人格魅力之"五力"

感染力	旨在做一个品行高洁、正正派派的领导者。《孟子》有云："以力服人者，非心服也，力不赡也；以德服人者，中心悦诚服也。"意思是说，靠武力称霸必须要以国富民强为基础，是武力压服而非心悦诚服，而以仁道称霸，则可以让人心悦诚服，使国力强大。基于权力之外的人格感染力是能让下属和群众敬佩、热爱、信服的一种感召力，既是领导者的隐形素养，又是其为官立业受用终身的宝贵财富
感召力	旨在做一个开拓进取、敢于创新的领导者。在社会主义市场经济深入发展的今天，增强企业的核心竞争力已迫在眉睫。作为企业领导者，应该胸有大志，在领导工作中充满正气、刚气和大气。具有积极改变客观事物现状的创造思维和创造欲望，敢于打破旧条条框框的束缚，在领导工作中排除干扰、大胆探索、努力进取、谋求发展，以新的业绩赢得员工信任
吸引力	旨在做一个才学逸群、能力出众的领导者。合理而超群的知识结构是领导魅力的一个重要方面。领导者的魅力在很大程度上都与其具有较宽的知识面有着紧密联系。英国哲学家培根曾说："读史使人明智，读诗使人聪慧，演算使人精密，哲理使人深刻，伦理学使人有修养，逻辑修辞使人长于舌辩。"总之，知识能塑造人的性格。领导者必须从哲学、人文科学和宗教艺术中汲取营养，用哲学的思辨去感悟社会、关注众生，从而服务社会和人民。纵观古今中外，大凡成就事业者，都具有哲学、史学、美学、艺术、文字、宗教等人文科学知识、人本主义和人文精神，在领导工作中显示出高人一筹的知识体系，又显现较高的总揽全局的谋划决断、沟通协作、开拓创新的能力。处在错综复杂的领导工作中要透过现实抓住本质，把握现实并预见未来，具有超前性、超远性的总体目标和发展方略

续表

亲和力	旨在做一个虚怀若谷、诚实守信的领导者。领导者要对人信任、尊重、谦虚谨慎，从而营造良好的组织氛围和健康的人际关系。领导者不仅应该是被领导者的上级，还应该成为被领导者的益友。经常与下属接触、增进了解，寻找共同的理想、目标、认识和爱好，并用实际行动体现出相同，增加亲和力。当领导者以谦和的态度和心情对待下属时，下属便会感到领导者可亲可敬。情感可以产生一种无形的气质和力量，一个情商指数高的领导，其魅力也自然是迷人的
坚毅力	旨在做一个精神振奋、知难而进的领导者。意志也是一种品格，是蕴藏于领导者内心并直接体现于行动中的心理素质，它不是一种抽象的、看不见的东西，而是领导者果断性、忍耐性、坚定性的具体体现。任何一个有理想、有信念的领导者，都要为实现其既定的目标而不懈奋斗。在领导工作中，必然会遇到各种各样的困难，面对困难要看到劣势中蕴含的优势，困难中孕育的生机，挑战下隐藏的机遇，不怨天尤人，以知难而进、奋发有为的精神状态，以百折不挠、坚忍不拔的毅力，千方百计战胜困难，勇往直前。如果缺乏坚强意志和毅力，往往会因遭受打击而停滞不前，甚至会一蹶不振，导致既定的目标转眼间灰飞烟灭、付诸东流。应该说，精神振奋、知难而进的坚毅力，是保证领导事业成功的力量所在

二、企业领导者如何塑造人格魅力

企业领导者应该有意识、有目的地培养和提高自己的人格魅力，否则就无法和谐地带动一支充满活力和战斗力的团队。塑造人格魅力，可以让领导者具有更好的亲和力、影响力，从而拥有领导力。

第一，领导者应通过情商管理来提高人格魅力，具体见表2-8。

表2-8 领导者通过情商管理提高人格魅力的方法

增强知识，提高素质	领导者应是阅读者，要博览群书。培根说，读书使人成为完善的人。在竞争日趋激烈的社会中，知识往往起着举足轻重的作用。可以说，谁掌握了更多的知识，谁就拥有了占领21世纪制高点的通行证。对于领导者来说，谁拥有知识和高素质，谁就能赢得部属的爱戴和尊重

续表

拇指领导与 食指领导	领导者每天要和部属打交道，自己在部属心目中的形象是否端正、地位是否重要自己很难评估。如果一个领导者的情商低，大家就不会对其讲真话、讲实话，领导者了解到的情况虚假成分就多，不利于领导者正确评估自己、把握自己。领导者应引导、带动、影响部属；而不是强迫、指挥、命令部属。有哪一位部属愿意在刻薄甚至恶意的指责下认真工作，乐于奉献呢？指责像鸽子一样会飞回来的。指责是危险的导火索，使自尊的火药爆炸。要控制破坏性情感与冲动，因为冲动是魔鬼。任何愚蠢的人都会批评、抱怨和指责。指责他人等于从他人（感情）账户提款；赞美他人等于在他人（感情）账户存款
加强沟通， 增强感情	沟通是人与人之间传播信息的重要手段，是消除误解、增进感情的重要渠道，是提高情商的重要环节。作为领导要注意加强与部属的沟通，用感情的力量凝聚人，让部属觉得你可亲。要关注部属的正当需求。人际关系始终是一个互动的、礼尚往来的过程。作为领导者，要力求及时预见部属的各种需要，把部属的正当要求作为调动他们积极性的契机，学会尊重人、关心人、理解人、支持人、体贴人，因为人被尊重和关怀的时候会更加拼命
要豁达大度， 有大爱之心	在企业管理实践中，与领导者打交道的人有各种特点，如果度量小，是难以胜任领导工作的，应强势时不忘包容，弱势时不忘尊严。要多赞美他人。赞美是一种艺术，在展示领导魅力、协调上下级关系中有着独特的功能。同时，它是赢得部属爱戴的法宝、满足部属内心需求的途径、开发部属潜能的钥匙、化解上下级冲突的良药。要赞美他人，就要心存阳光。罗曼·罗兰说："要散布阳光到别人心里，先得自己心里有阳光。"罗丹说："生活中不是没有美，而是缺少发现美的眼睛。"赞美有时可能会改变一个人的命运。作为领导者，要多发现别人的闪光点，及时赞美部属

第二，守伦理法则，培养高尚的人格与品德，崇尚道德精神力量，具体见表2-9。

表2-9　管理中的伦理、道德的作用

伦理、道 德和良心	伦理有辈分、秩序、条理、天理之意。伦理秩序对人们的行为提出了"善"的要求，即"应当"如何行为规范。道德体现的是伦理精神，良心又是一个道德范畴。作为领导者要讲究伦理、道德和良心。伦理关系覆盖了人类生活的全部关系和过程，伦理关系渗透在家庭、社会、国家、全球等各个层面，伦理关系渗透在一切现实的经济、政治、法律、宗教、文化、日常人际交往等关系中。作为领导者遵守伦理法则，培养高尚的品德是至关重要的

续表

伦理道德的实践性	所谓实践性，强调的不是做事的动机而是效果。伦理是一门实践性很强的学问，领导者应不断地遵守与践行。道德的本质是当个人利益与他人利益、社会利益发生冲突时，能够约束、克制甚至牺牲私利、私欲，以服从社会整体全面和谐发展的他律要求。中国传统道德讲究善待他人，就是善待自己。领导者的个人品德在单位或部门中具有明显的垂范作用，领导者与部属朝夕相处，其行为直接影响到部属的行为。就像鱼离不开水，人离不开空气那样，有效率的领导者也离不开高尚的道德
净化心灵	领导者要时常净化自己的心灵，因为美好的世界需要极大的智慧和心灵的善的力量来创造，要求人超越肤浅自私的眼前利益，超越狭隘的自我中心观念，具有一颗博大、公正的良心和对整体和谐秩序的领悟力。要达到这一境界，必须依靠一种内在的精神实践功夫，即心灵的超越和升华、道德修炼、修养，将所有破坏宇宙万物和谐有序、共同繁荣的过度行为、偏执的私欲与懒惰、消极的状态等都当作恶，从自身清除出去

第三，诚信赢得忠诚，提高人格魅力，诚信的深层含义见表2-10。

表2-10　诚信的深层含义

诚信就是言行一致	"诚"为诚实，是语言和内心的一致；"信"为信用，为语言和行为的一致。诚信就是人或组织的诚实性和信用程度，它体现在一个人或组织的个性、价值取向之中。从传统上讲，诚信就是一个人的可靠程度和可信任程度，它是人品的核心部分
诚信是一种人格境界	诚信要求人们真实无妄，诚实无欺。社会生活实际上是建立在诚信的基础上的，诚信既是一个人的立身之本，也是一个集体、民族、国家的生存之基。"失信不立"是一个亘古不变的人生哲理。诚信永远是一种基本的道德规范、道德义务。诚信道德在市场经济中处于最核心、最突出的地位，是市场经济所要确立的最主要、最重要的道德。21世纪是一个要求更高、竞争更加激烈的时代，这给每一位领导者带来的是更大的挑战和机遇
诚信的巨大影响	诚信的影响可谓重大而直接，以诚信示人，重规则、讲诚信会使领导者的形象更具膨化作用。诚信会随着时间变化而演变为声誉，也可能以声誉作为原有优势的补充。讲诚信必然赢得部属的忠诚，更是做人之根本。诚信使人与人之间没有猜忌、相互信任，实现互利共赢，我们的事业也会因此而变得更加美好、高效与和谐

续表

诚信是事业成功的法则	所谓"人无信不立"。1596 年荷兰船长巴伦支，他的商船被冰封的海面困住了。他们用生命作代价，守望信念，创造了流传后世的经商法则。在当时，这个被人们广为传颂的故事也为荷兰商人赢得了海运贸易的世界市场。中国香港著名企业家、领带大王曾宪梓的做人准则是勤俭、诚信加智慧，他和他的企业就是靠诚信赢得天下

总之，一个成功的领导者总是从内心情感和外在形象，从透视未来的智慧到勇往直前的胆识，尽情地挥洒着领导魅力。他需要用积极向上的人生态度影响人，用丰富深厚的专业知识吸引人，用奋发有为的精神风貌激发人，用乐于奉献的扎实作风带动人。

第三章 科学决策：无为管理的前提

科学决策是企业领导人面临的第一要事。从理论上讲，科学的决策是一个发现问题、提出问题、分析问题、解决问题的完整的动态过程，只有遵循科学的决策程序，才能做出正确的决策，避免决策失误。从实践层面来说，由于当今的企业置身在一个多变的时代，企业领导者要做出科学的决策，就需要把握这样几点：敢为天下先，有决策引领才能实现无为管理；消除疑虑，当机立断；欲速则不达，决策需要积累；见仁见智，让持不同意见者畅所欲言；创新决策的三种有效方法。在企业管理的过程中，把握上述几点，进行科学决策，就会引领企业的运作按部就班，有条不紊，领导者也就实现了无为管理。

敢为天下先，有决策引领才能实现无为管理

老子在《道德经》第六十七章中说："我有三宝，持而保之：一曰慈，二曰俭，三曰不敢为天下先。慈故能勇；俭故能广；不敢为天下先，故能成器长。"其中"不敢为天下先"是说企业管理者不拘私利，把大众的公和放在首要位置，这当然是十分正确的，但企业管理者同样还要具有创新精神，在求真务实的基础上，勇于开拓创新，因为创新是企业向前发展的动力之源。这就要求企业管理者要"敢为天下先"，积极果断地做出科学的决策。

例如，万达电商飞凡敢为天下先，乘着"互联网＋"的东风做O2O布局。从来没有一家公司能像万达电商飞凡一样，在短短的时间内为社会生活、消费升级做出这么大的努力：以用户极致体验需求为导向，同时布局移动端和PC端两大入口，搭建大会员、大数据、通用积分、一卡通、云平台六大支撑体系，研发贯穿消费全环节的15个智慧产品。短短九个月时间，飞凡已经推出了一期八个智慧产品，这是在业界从来没有过的创新速度。在领跑传统线下商业实体"互联网＋"变革的同时，万达电商还提出了更加具有战略性的远景规划——打造全球最大的开放式O2O电商平台，将持续拓展其线下疆域和线上边界，以飞凡平台整合更多的商业体、更多的消费行为，进而带动整个城市乃至整个社会的消费升级。正所谓"一流公司做标准"，万达电商敢为天下先的尝试，相信会在未来使万达成为O2O的标杆。

一、解析"决策"与"不决策"

被誉为"现代管理学之父"的彼得·德鲁克认为，任何决策都是有风险的，要避免不必要的决策。早在几千年前，医生就有这么一条原则：如果病症会自行消失或不至于恶化而且不危及旁人，就不要急于做手术。什么情况下领导需要决策？如果对"我们不采取行动会怎么样"这一问题的答案是"事情会正常地发展下去"，那就不要去干预；有些管理问题，虽然使人烦恼，却并不重要，也不会有很大的变化，那也不要去干预；当不采取任何行动则情况可能恶化时，人们才必须做出决策。不做决策也是一种决策，有时还是更好的决策，但并不是所有的领导都明白这个道理。企业领导者时刻面临着决策——市场的调试、团队的权衡、客户的维护等，而如何适时做出有效的决策？

"决策"的核心内容体现在"策"字上，其重点在于对商业问题的思考过程及每一个过程所做出的阶段性决定。可以说，决策是决定的过程，而决定是多个决策集合而成的结果。一个团队在经营和发展的过程中，决策会出现三个方面的问题：一是领导者闭门造车，主观臆断，显示其权威性；二是信息不全，错误假设，当意识到问题时不懂放弃；三是过高地估算收益，忽略或者忽视了成本和人在执行时的风险。

作为领导者要避免决策失误的发生，出现问题首先要承认它存在的必然性，而这个问题只有两种方向：一是愈演愈烈，二是被时间冲淡走向消亡。第二种情况发生时，最好的决策就是不做决策，因为一旦决策会影响它的正常走向，就很有可能出现上面的三种情况，从而引发新的问题，那么曾经的一个决策需要后面很多的决策才能使事情走向正常的发展方向，这是一种资源的浪费，甚至是毫无价值的决策。

决策是领导者的职责，所谓的"不决策"其实是一种领导艺术，或者也可以称为决策艺术，它其实是一种授权的决策，是让下属去做出决策，而领导可以让这种决定所产生的后果留有一定的回旋空间；或者不决策是表示延缓决策，领导可能还需要对决策做进一步的评估；还有可能不决策本身其实就是一种否定的决策，表示这件事情尚不需要特别进行处理。

二、内外联动做决策

领导者的决策归根结底是用人，因人而异，因人而决策。在内外联动决策过程中，领导要对"内脑"，也就是自我有一个清醒的认识。知道自己的劣势所在，通过内外联动选择"外脑"，其实是对自我决策系统的一个补充。例如，世贸谈判时中国代表团团长龙永图害怕自己在工作时由于压力会放弃一些原则，于是就找了一个在任何时候都敢说真话的助手，让他时时提醒自己。组建"外脑"就是希望在决策时有更多的人让自己的决策系统科学，因此在选择"外脑"时不要以自己的喜好选择迎合自己的人，而是要找有独立思考意识，敢于表达和坚持自己观点的人。

正因为"外脑"是与自我互补而不是配合自己的决策补充，所以在激发其发挥作用时：首先，要听到一线的声音，禁止几个核心人物的话语权；其次，无论对错，不发表批评的建议，只有肯定，从各种意见中组织起有效的东西，甚至有些员工的想法会弥补自己的疏漏，这才是最重要的；再次，请在这方面比较专业的成员发表意见，归纳中心，作为重点参考，同时要让执行此项决策的成员参与进来，并提出执行决策时可能遇到的困难，大家群策群力，有的放矢；最后，做出此项决策的多种方案，作为备选方案，避免遇到困难时措手不及，而且要明确提出决策的执行方案，全力以赴，上下同心。

三、现代企业决策管理模式

现代企业制度下的企业将面临着各种风险，如果决策失误，达不到预期目标，或决策不及时失去良机，均将受到市场的无情惩罚。为了避免决策失误，提高决策水平，必须构建适应现代企业制度要求的企业决策管理模式。这种模式是充分体现决策的科学化、民主化、分散化和制度化原则，由信息系统、咨询系统、行动系统、执行和反馈系统相互作用构成的有机体系。

现代企业制度下的决策有以下几种管理模式，见表3-1。

表3-1 现代企业制度下的决策管理模式

决策信息系统	在现代企业管理决策中，信息是决策的出发点和依据，从技术上讲，决策过程就是一个不断获取信息、处理信息和利用信息的过程，因而建立及时而准确的决策信息系统，是科学决策的重要基础
决策智囊系统	决策智囊系统是不生产任何物质产品，依靠专家的集体智慧，进行管理决策研究的机构。它是现代企业管理决策体系中不可缺少的组成部分
决策行动系统	决策行动系统是由具有合理智力结构和素质的领导者组成的机构，是科学的决策模式的核心。其主要任务是以大量可靠的情报信息为依据，运用决策者的知识和经验，对由智囊系统提出的各种备选方案进行系统验证与逻辑推理，从中选择最合适的方案。但是，目前在各个层次的决策行动系统中，无人负责或无人真正负责是一个普遍存在的弊端。消除这个弊端的根本办法就是在决策行动系统中建立科学的决策责任制度。在现代企业制度下，公司董事会制是一种解决无人负责问题的具有广泛借鉴意义的决策责任制度

决策执行系统	一项正确的决策，如果不能正确地贯彻执行，也是徒劳无益的，因而决策实际执行的有效性是决策成败的关键。在企业中，所有职工阶层构成了决策执行系统。使职工从企业整体利益出发，充分发挥其主观能动性，是提高决策执行有效性的重要途径
决策反馈系统	任何决策不可能是绝对正确的，正确的决策也不可能一次完成，而且在决策的执行过程中，会遇到许多不确定因素，需根据实际情况进行调整。因而，在科学决策体系中建立一个灵敏、准确的决策反馈系统是非常必要的。在我国企业决策体系中，反馈不良是个严重的问题

总之，企业领导者要实现无为管理，就要敢为天下先，积极果断地做决策。有了正确决策的引领，企业的运作在决策框架下进行，一切按部就班，领导者自然就实现了无为管理。

消除疑虑，当机立断

丹麦哲学家布里丹写过这样一则寓言：一头小毛驴在干枯的草原上好不容易找到了两堆草，由于不知道先吃哪一堆而犹豫不决，最终活活饿死。后来，人们把决策时犹豫不决的现象，称为"布里丹效应"。

多思善谋，临机果断，是领导者的基本素质。在经济高速发展、社会环境复杂多变的时代，决策的时效性往往是成功的关键，情况不清，信息不明，优柔寡断，满腹疑虑，就会错过决策的时机，导致功败垂成。

一、决策能力缺失的原因与对策

作为企业领导者，决策必须讲究速度，快速行动胜过尽善尽美。面临决策时犹豫不决，其实是由决策能力缺失造成的，那就必须全面认清决策能力缺失的原因，并针对自身存在的问题，着力提高决策水平，以期当机立断地做出正确的决策。

领导者的决策能力缺失，主要有以下一些原因，见表3-2。

表3-2　决策能力缺失的主要原因

思想认识过于片面	决策力的高低取决于有没有科学的思想方法和浓厚的经验积累、知识积累，思想方法越科学，就越能正确地观察和处理问题；知识经验越丰富，就越能深刻认识和把握客观规律，制定的决策就越准确。领导干部不能很好地把握唯物辩证法，孤立地、静止地、片面地分析问题，以形而上学的观点指导实践，必然使决策失去客观性、公正性、全面性。没有树立科学的政绩观和发展观，必然会导致决策脱离实际，脱离群众，决策错误
综合能力的欠缺	决策能力是领导水平的主要标志。它需要很强的判断能力、分析能力、应变能力和创新能力。如果判断能力较弱，就不能驾驭全局；如果分析能力较弱，就不能权衡利弊；如果应变能力较弱，就不能抓住时机；如果创新能力较弱，就不能出奇制胜。新时期的领导要善于科学地判断形势，保持清醒头脑，既要多谋，更要善断
决策机制不完善	因企业组织结构的"金字塔式"，造成决策都依赖最高的领导者，长期以来，就形成了家长式作风。为了防止重大问题失察、失误、失策，领导干部要按照"集体领导、民主集中、个别酝酿、会议决定"进行决策，严格实行决策失误侦察制，不断推进决策的科学化、民主化和规范化

决策能力缺失是领导者的大忌，因此领导者要积极采取对策，根据自身特点，致力于提高决策水平。可以运用以下方法提高决策能力，见表3-3。

表3-3 提高决策能力的方法

提高决策者自身素质	要下工夫学习党的理论创新成果，学习现代科学技术、管理知识、法律知识、市场经济知识、国际知识以及其他知识，增强群众意识、责任意识、法律意识等。学习党的创新理论的根本目的在于指导实践工作，在于解放思想，开拓思路，转变领导作风和工作作风
优化决策思维	没有科学发展的远见必然导致决策的短视，领导干部要有很强的创新意识和创新思维能力，端正指导思想，始终把科学发展观作为"思想之魂、行动之纲、发展之路"。在思想观念上，坚持创新实践，克服因循守旧的观念；在工作指导上，坚持长远规划，克服急功近利的思想；在具体实践中，要注重总结吸取经验教训，把"能不能经得起时间检验、能不能经得起后人的评说"作为决策的标准和条件。要站在全局的高度，抓住全局的重点，统揽各项工作的主线，按时间节点，有计划、有步骤地落实各项工作
讲究决策方法	由于科学的发展使得决策从单体决策向集体决策发展，由定性决策向定量决策发展，由近期中期向长期决策发展。决策的方法有调查研究、分析、综合、预测等

二、运用 SMART 原则，当机立断做出决策

SMART 原则是目标管理工具，它可以使管理者的工作由被动变为主动，使管理过程更加科学化、规范化，更能保证目标管理的公正、公开与公平。SMART 指的是：Specific（具体的）、Measurable（可以量化的）、Achievable（能够实现的）、Result-oriented（注重结果的）、Time-limited（有时间限制的）。一个有效的目标必须符合 SMART 原则，即它必须符合 SMART 原则的上述五个条件。

开展工作之前，我们通常会先定出目标。如果缺乏一个固定的考量体系，就很难确定此目标是不是你想要的目标，是否具有科学性。只有保证目标的健康、科学、可操作性，才能够在推进中收获信心。在繁杂的判定标准中，我们推荐使用 SMART 原则，其具体含义见图3-1。

S代表具体（Specific）	指绩效考核要切中特定的工作指标，不能笼统
M代表可量化的（Measurable）	指绩效指标是数量化或者行为化的，验证这些绩效指标的数据或者信息是可以获得的
A代表能够实现的（Achievable）	指绩效指标在付出努力的情况下可以实现，避免设立过高或过低的目标
R代表现注重结果的（Result-oriented）	指绩效指标是实实在在的，可以证明和观察
T代表有时间限制的（Time-linited）	注重完成绩效指标的特定期限

图 3－1　SMART 原则的具体含义

运用 SMART 原则做决策，具体采取以下实操步骤。

第一步：按事情的轻重缓急排序。有了目标，具体的事件和任务就会散乱地出现在眼前，我们总是要面临先做哪一个的问题，很多时候抉择本身比 list 上的任何一件事都要难办。这时，为事情排序，就成为决策性的重要一步。我们可以采用下面的"重要—紧急"模型，如图 3 －2 所示。

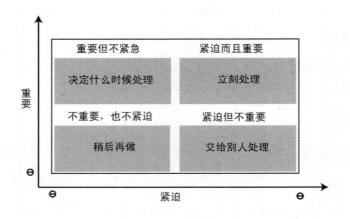

图 3－2　重要—紧急模型

　　按照"重要—紧急"模型，可以把事情按照"重要"和"紧急"两个维度分成四个象限，于是我们就有了四类要做的事情。你会发现，真正的难点存在于那些"重要但不紧急"的事情中，你要考虑何时将它们完成，设定一个期限，不要让其过渡到"紧急"的这一边，否则就会非常棘手。高效人士的一大重要表现是他们更注重重要的事情，而不是紧急的事情，所以我们要学会重新分配时间，把大量的精力用在完成那些重要的事情上，也就是与完成目标最相关的任务，哪怕它也许并不是很紧急。

　　第二步：厘清内心的真正想法。通常人们难以抉择的时候，会想这样做的优势有哪些，缺点是什么。这是一种惯常的思维，但是它却很难奏效，因为这属于一种迂回思考，这些优点、缺点未必与你相关。而正面的思考则应该过问自己内心的想法。因此，你就应问自己如下两个问题：其一，是什么在拉你的后腿，让你裹足不前？其二，是什么在牵引你，向它靠拢，向前迈进？就像橡皮筋模型，如图 3 - 3 所示。

什么在拉你的后腿？　　　　　　什么牵引你向前迈进？

图 3 - 3　橡皮筋模型

　　细心的人会从橡皮筋模型中有所觉察：它并不是优点、缺点的延伸，它不是分析，而是一种角力。是吸引力更难以抵抗还是羁绊的力量更足，更让人无法释怀？

第三步：取悦自己，挑战难度。你做什么事才会快乐？学会玩一个游戏不久，是继续选择初学者的模式还是一下子跳到超难度的地狱模式？你想要玩得高兴，恐怕两者都不会选，而是进行下一个级别。事实上，这件事是否让你快乐，取决于你的能力和事情本身的挑战度。当你的能力和事情的难度保持着一致的增长时，你就容易沉浸其中，也就是心理学家齐克森·米哈里所说的"Flow"（心流）。所以在制订计划时，要考虑如何取悦自己，挑战的难度是一个关键。就像沉浸模型，如图3-4所示。

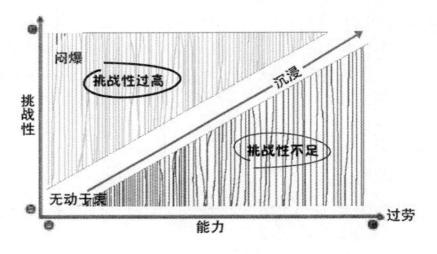

图3-4 沉浸模型

沉浸模型为我们提供了这样的思考问题的维度：这件事是我自己的选择；我对它保持密切的关注；目标明确；挑战性要适度，让事情既在掌握之中，又不至于太过简单；有即刻的反馈。

第四步：正确过滤信息。在向目标推进的过程中，你会接触到各种信息，纷繁嘈杂。怎样从这些信息里筛选出有价值的意见？该听谁的？很难定夺。最好还是用两个途径来解决：一是你最常和谁交谈？二是谁的话对你影响最大？如下面的判断模型，如图3-5所示。

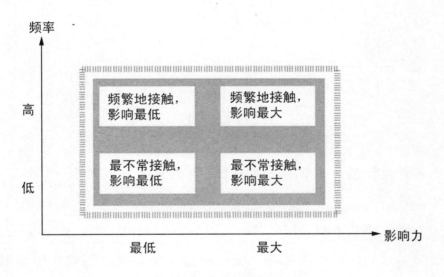

图3-5 判断模型

第五步：当机立断做出决策。有人做过统计，当人面对这种拿不定主意的选择题时，第一判断正确率高得惊人。选择模型就很好地说明了你的决定和你所具有的知识相关程度，如图3-6所示。

选择模型告诉我们，在工作中，如果我们举棋不定，可能让整个团队的人都感到焦虑，这就很有可能拖慢了整个计划的执行。如果一直停留在等待选择的阶段，那么无论正确与否，这都会是一个很差的决定。因为迟迟不做出决定，本身就是一种决定。所以这时

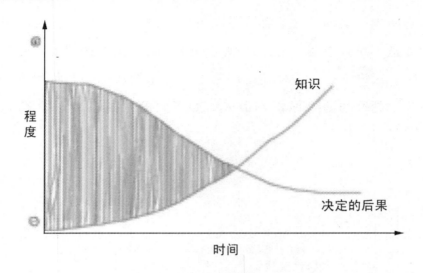

图 3-6 选择模型

候，不妨这样想：如果不能做一个最好的决定，那就做一个不差的决定。

总之，当断不断，反受其乱。决策者要当机立断，然后全力以赴，最忌讳的就是优柔寡断。做出决定才能心安，心安才能做事，正如美国一位社运人士所说："任何决定一旦做出，随之而来的便是平静；即使做出的是错误的决定也不例外。"

欲速则不达，决策需要积累

《道德经》第四十一章说"道法自然"、"大器晚成"。老子用"大器晚成"来劝告领导者要脚踏实地做好目前的工作，而不能急于求成。其实，大凡最有价值的事物、最伟大的业绩都是在最后才能完成。欲速则不达，凡事都是积累的过程，太过急切往往事与愿违。如图 3 - 7 所示。

图 3 - 7　欲速则不达

对每一个企业来说，它的成长都有其独有的客观规律，必须尊重而不能超越。如果心浮气躁，盲目求快，或许可以一时声名鹊起、利涌如潮，但终会因资金实力、内部管理等因素而千疮百孔。例如，五谷道场于 2005 年 11 月面市，2006 年在全国销售额迅速做到 5 亿多元，荣登年底 "第五届中国成长企业 100 强" 的榜首。可惜的是，其成长性犹如涨潮一样，来得快去得也快，最终因资金链断裂而深陷困局，难逃被收购的命运。反观五谷道场从快速增长到快速衰落的发展轨迹，我们在扼腕的同时，更应该反思和引以为戒。

企业生存的根本是基础实力，企业领导者要有长远策略，一步一个脚印，扎扎实实地发展，贪多嚼不烂。要想发展壮大，稳胜求实方为正道，因为，安全比速度更重要，企业家应该"宁停三分，莫抢一秒"。所以，领导者在实际工作中要摒弃急功近利，耐得住寂寞。成功的要点，就是克服对慢的恐惧，一点一点地把梦想握在手中。

为了克服急躁情绪，避免"欲速则不达"，决策者需要了解影响决策的因素，掌握科学决策的方法，以此对解决问题的方案进行研究和选择。其实，这也是一个决策积累的过程。

一、影响决策的因素

一般来说，影响决策的因素主要有社会环境、组织条件、决策者的个人因素以及时间因素。

社会环境对企业决策的影响，在于环境总是处于不断变化中。现实中不存在静止不变的环境，新企业的不断出现，老企业的不断发展或消亡，人们收入水平与消费层次的不断提高，科学技术的飞速发展，新法规的颁布实施，新政策的不断出台等，企业通过环境研究不仅能了解现在，更重要的是能预测未来，这对企业的决策和其他各项管理活动是必不可少的。

企业社会环境一般包括以下几个方面，见表3-4。

表3-4 企业社会环境因素

政治环境	包括社会的一般政治气氛、政权集中的程度等
经济环境	包括社会的经济发展状况、财政政策、银行体制、投资水平、消费特征等
法律环境	包括法律的性质、关于组织的组成及控制方面的特殊法律
科技环境	包括与组织生产相关的技术、工艺等科技力量
自然环境	包括自然资源的性质、数量和可利用性
市场环境	包括市场的需求状况、发展变化的趋势等

社会文化环境	包括人力资源的数量、性质，教育科学文化水平，民族文化传统，社会的伦理道德、风俗习惯、价值取向等

组织条件是进行科学决策必须认真考虑的内容。影响决策的组织内部条件主要包括以下内容，见表3－5。

表3－5　影响决策的组织内部条件

组织文化	组织文化影响着组织及其成员的行为和行为方式，它对决策的影响也是通过影响人们对组织、对改革的态度而发挥作用。涣散、压抑、等级森严的组织文化容易使人们对组织的事情漠不关心，不利于调动组织成员的参与热情；团结、和谐、平等的组织文化则会激励人们积极参与组织的决策。因此，任何一个决策都会受到组织文化的影响
过去的决策	在实际管理工作中，决策问题大多建立在过去决策的基础上，属于一种非零点决策，决策者必须考虑过去决策对现在的延续影响。即使对于非程序化决策，决策者由于心理因素和经验惯性的影响，决策时也经常考虑过去的决策，问一问以前是怎么做的。所以，过去的决策总是有形或无形地影响现在的决策。这种影响有利有弊，利是有助于实现决策的连贯性和维持组织的相对稳定，并使现在的决策建立在较高的起点上；弊是不利于创新，不适应剧变环境的需要，不利于实现组织的跨越式发展。过去的决策对现在的决策的影响程度，取决于它们与决策者的关系，这种关系越紧密，现在的决策受到的影响就越大

决策者的个人因素包括决策者的知识与经验、战略眼光、工作作风、偏好与价值观、对风险的态度、个性习惯、责任和权力等。其中的关键因素见表3－6。

表3－6　影响领导决策的个人因素

价值倾向性	不同的角色有着不同的价值观点，价值观起着先导作用
感知能力和感知风格	指决策者对问题的敏感性、理解力和排列顺序的能力，这关系到他能否迅速决策。有两种不同风格：一种是钻研型风格，这类决策者要求信息多多益善，非常关心细节，追求精确；另一种是开拓者风格，这类决策者视野广阔，但只是迅速"扫描"重要信息，对细节不感兴趣，为创造寻找机会。前一种风格可能导致决策中逻辑严谨、稳妥但缺少创意；后者善于抓住机遇，有创造性但可能失之大意

对备选决策方案评估和决断时的风格	一是果断风格。决策者先有意向，后有事实与理论的论证。他们自信心强，敢作敢为，一旦做出决定就坚持不变，而且越是困难，反对之声越大其态度越坚决。如果所做决策正确，效率会很高；但这种人由于有先人为主之好，可能以非关键事实支持自己的观点，并顽冥不化，导致决策失误。二是评价风格。这种决策者头脑清醒，将自己的决心建立在对现实评估的基础上，他们细致入微，且不受个人偏见影响，对什么信息都要问一个为什么，努力分清事情的优劣和轻重缓急。但这种风格可能造成动作缓，容易错过时机，如果个人判断能力较弱，也可能在价值冲突和错综复杂的信息面前不知所措。有人将决断阶段各种决策风格的表现分为五种：固执己见，拒斥逆耳善言；见风使舵，没有立场原则；因循敷衍，拖延决策；没有主见，惊慌失措；多谋敢断，保持警觉。相比之下，第五种最好
经验的多少	决策活动陷入经验主义是不对的。但是决策活动面临很多似是而非的情况，非常微妙，具体情况下各种因素复杂的互动，会使看来与以往差别不大的事情得出很不相同的结果，要对这类问题正确决策，往往要靠实践经验的指导言传，这就需要经验的积累

二、科学决策方法

科学决策方法也叫先进决策方法，具有程序性、创造性、择优性、指导性。科学的决策过程是决策领导、专家与实际工作者互动的过程。在这个过程中，参与决策的主体相互配合，形成了一个决策过程。科学决策的思维路径有以下八个步骤，见表3-7。

表3-7 科学决策思维路径的步骤

界定问题	在很多情况下，决策不力往往是因为没有真正清楚地认识问题，或者把决策的焦点聚集到错误的或并不重要的问题上去。所以说，正确地界定问题通常是决策成功的前提。否则可能导向错误的决策方向，不仅无法解决问题，而且可能产生新的问题。问题的定义不只是几句话的描述，更重要的是为了设定范围、厘清细节，以方便我们面对纷乱复杂的状况时，能够评估、澄清、分类以及对问题进行排序

续表

决策准备	这里所说的决策准备，主要从三个方面进行：首先要收集有意义的信息。在开始收集资料之前，必须先评估自己有哪些信息是知道的，有哪些是不知道的或是不清楚的，才能确定自己要找什么样的资料。信息不是越多越好。有时候过多的信息只会造成困扰，并不会提高决策的成功机会。因此必须依据信息对于决策目标之间的关联性以及相对重要性，判断哪些是需要的，哪些可以忽略。其次，要明确问题的限定条件。你不可能同时达成所有的目标，很多情况下鱼与熊掌不可兼得，必须设定优先顺序，有所取舍。也就是说，要明确列出决策所要实现的目标，并对目标进行优先排序和取舍。这一步最容易犯的错误是设定了几个本身就相互矛盾的目标，如果是这样，那么这种决策比赌博还没有理性。另外，决策虽然一开始是正确的，但是后续过程中前提条件却发生了改变，如果不随之调整决策的话，就必然导致失败。因此，决策者必须一直牢记决策所要实现的限定条件。一旦现实情况发生大的变化，就应该马上寻找新的办法
摆正决策心态	要做到心静、心平、心正、心安，心安才能理得。《大学》说："知止而后有定，定而后能静，静而后能安，安而后能虑，虑而后能得。"意思是说，决策首先要知道自己的决策立场和原则，这样才能做到坚定不移；只有坚定不移才能静心而不妄动；只有心平气和才能安心自然；只有心安才能驱除偏见，思虑周密；思考缜密才能得到科学合理的决策结果
列出所有可能的方案	这个阶段最常听到的抱怨就是"想不出好的解决方法"。事实上，不是想不出来，只是因为考虑得太多，觉得什么都不可行。但是这个阶段的重点在于大家相互脑力激荡，提出各种想法，不要考虑后续可行性的问题。比如头脑风暴法、六顶思考帽法等决策工具和方法，就可以帮助你获得更多、更好的创意和想法
评估方案	每一种方案的优缺点是什么？可能造成的正反面结果是什么？这些选择方案是否符合设定的预期目标？首先必须依据先前所收集到的客观资料作为评估的依据，同时评估自己是否有足够的资源与人力采取这项选择方案。除了理性的思考外，个人主观的感受也很重要。反复思索每一个选项，想想未来可能的结果以及你对这些结果有什么感受。有些你可能觉得是对的，有些你可能感觉不太对劲。你可以问问自己："如果我做了这个决定，最好的结果会是什么？最坏的结果又会是什么？"再仔细想想有没有什么方法可以改进让自己感觉"不对劲"的方案。也许你需要更多的资料消除自己的疑虑，但也有可能你的直觉是对的，某些负面结果是当初你没有考虑到的

续表

决定正确的方案	某些方案如果确定不可行或是超出本身的能力范围，可先行剔除，再开始讨论其余的方案。美国科学家本杰明·富兰克林曾建议一个不错的方法，这就是成本效益分析法。把每项方案的优缺点列出来，优点的部分给予 0 到 +10 的评级，缺点的部分给予 0 到 −10 的评级，最后将所有优缺点的分数相加，这样就可以得出每个方案的总分，决定哪一个是正确的方案，这就是著名的"本杰明·富兰克林决策法"
行动计划与执行	一旦做出了决定，就要下定决心确实执行，不要再想着先前遭到否决的方案，既然之前都已确实做好评估，就应专注在后续的执行上。你必须拟订一套详细的行动计划，包括有哪些人应该知道这项决策？应采取哪些行动？什么人负责哪些行动？还有该如何应付可能遭遇的困难？等等。行动计划必须符合 SMART 原则并切实落实执行
检讨执行成效	我们通常很少再回过头来重新审视先前决策的成效如何，因此无法累积宝贵的经验。事后的评估不应只是书面的报告，报告不能完全呈现出决策执行过程中的实情，就像说我们不可能借着研究地形图就能看到山的面貌。有些细节必须要亲身经历或是聆听参与者的主观意见，才有可能观察得到。不妨学习美国陆军行之有效的"事后评估"方法，每当训练课程期间或是军事任务结束之后，由专家负责主持座谈会，让每个人说出自己遭遇的亲身经验以及想法。讨论的内容都是非常基本的问题，包括哪些部分表现良好？哪些部分表现不佳？哪些部分必须保留？哪些部分必须改进？最后由专家汇集所有人的意见，作为日后训练课程的改进依据

需要强调的是，决策应该渐进，因为政策的制定是在过去经验的基础上，经过逐渐修补的渐进过程来实现的。渐进决策看上去似乎行动缓慢，但它实质是决策效果累积的过程，是量变到质变的过程。其实际变化的速度往往要大于一次重大的变革。也就是说，渐进决策并不是不要变革，而是要求这种变革必须从现状出发，通过变化的逐层累积，最终达到根本变革的目的。同时，渐进决策步子虽小但却可以保证决策过程的稳定性，达到稳中求变的效果。决策上的巨大变革是不足取的，因为往往欲速则不达，会带来诸多不适甚至是抵制，从而危及组织的稳定。渐进的方式则比较容易获得支持，可以达到稳中求变的目的。

见仁见智，让持不同意见者畅所欲言

正确的决策绝非是在一片欢呼声中做得出来的。只有通过对立观点的交锋，不同看法的对话，以及从各种不同的判断中做出一个选择之后，管理者才能做出这样的决策来。因此，决策的第一条规则就是：必须听取不同的意见，否则管理者根本无法决策。

曾长期担任美国通用汽车公司总经理和董事长的艾尔弗雷·德隆在一次高级管理委员会的会议上说："各位先生，据我所知，大家对这项决策的想法完全一致。"与会者纷纷点头表示同意。"但是，"德隆先生继续说道，"我建议把对此项决策的进一步讨论推迟到下一次会议再进行。在此期间，我们可以充分考虑一下不同的意见，因为只有这样，才能帮助我们加深对此决策的理解。"

艾尔弗雷·德隆做决策从来不靠"直觉"，他总是强调必须用事实来检验看法。他反对一开始就先下结论，然后再去寻找事实来支持这个结论。他认为正确的决策必须建立在对各种不同意见进行充分讨论的基础之上。由此可见，讲究效益的管理者懂得如何鼓励别人发表不同的意见。从不同意见中汲取营养，可以帮他识别那些似是而非的片面性看法，使他们在做决策时有更加广泛的考虑和选择的余地。万一决策在执行的过程中出现了问题或发现了错误，也不至于手足无措。管理者可以将那些听上去似乎有理的意见转化为正确的意见，然后再将正确的意见转化为好的决策。

作为管理者，你要做的工作只是宏观把握，高瞻远瞩，而不是关心那些具体的细枝末节，因此，你所要决定的是告诉你的下属去做什么事，至于具体怎样去做，你应该放心地由下属去思考，切忌独断专行，不管大事小事，什么都是自己说了算。一个人的能力是有限的，而大家的合力却是无限的，如果仅按照个人的意愿去办集体的大事，往往具有很大的局限性。

一、听取不同意见的必要性

必须坚持听取不同的意见，主要有以下三个原因，见表3-8。

表3-8 必须听取不同意见的原因

在决策之前必须先对各种不同的意见进行辩论	每个人都以自己的观点来影响管理者，每个人都是一位专门的说客，都希望决策符合自己的想法（尽管常常出于真心实意）。唯一能使决策人摆脱这种特殊呼声和先入之见的办法，就是在决策之前先对各种不同的意见进行辩论，并一一列出相应的论据，只有这样，管理者才能充分考虑各种不同的意见。这是唯一可以保护管理者不被机构看法所左右的一条措施
不同意见可以为管理者提供各种不同的选择余地	通常来说，人多力量大。同样，人多智囊全，大家共同的主意远比个人的想法要全面得多。仅凭一个人的想法去办事，多有偏颇之处，如果作为一名管理者却忽略了集体的力量和才智，那将是他最大的失败。因此，管理者要给下属足够的思考空间和发言的机会。如果没有充分的选择余地，那么，不论管理者把问题考虑得多么深细，决策都会是孤注一掷式的冒险。决策有时会被证实是错的，这种可能性随时都会发生，或许是因为决策一开始就出了毛病，也可能是因为外界情况发生了变化。假如管理者在决策的过程中已经考虑过各种可选择的方案，那么在情况发生变化时，管理者因为有了一些经过思考的、做过研究的、自己深刻理解的方案可供选择，他就能有备无患。如果没有这样的回旋余地，一旦发现决策难以执行，就会束手无策
不同意见有助于激发人的想象力	管理者要处理的是一些复杂的事情，很多事情都需要有"创造性的"解决方案，否则就难以开创新局面。从这个角度来讲，管理者需要有丰富的想象力，因为缺乏想象力的管理者不可能从另一个不同的、全新的角度去观察和理解问题。有丰富想象力的人并不是太多，但他们也并不像人们认为的那么稀少。想象力要被激发后才能充分地发挥出来，否则它只能是一种潜在的、尚未开发的能力。不同意见，特别是那些经过缜密推断和反复思考的、论据充分的不同意见，便是激发想象力的最有效的因素。只有将想象力的"开关"打开，想象力才能像自来水一样不断地流出来。而想象力的"开关"不是别的，就是不同意见的有序争论

二、让持不同意见者畅所欲言

为了让员工敢"开口"，必须做到以下几点，见表3-9。

表3-9 让员工敢"开口"的方法

将企业的现状坦诚地告诉员工，并鼓励员工发言	要想解决企业的问题，企业的每一位员工都应对企业的情况有清醒的认识，这就要求企业的最高管理者不断地把企业的状况告知广大员工，要鼓励他们出主意、想办法，靠企业上下的齐心协力来克服困难。倘若企业员工都是些唯唯诺诺、无胆无识的"家鸭"，那么，管理者这个光杆司令是不可能只手撑天、扶大厦于将倾的。为使企业永远充满朝气，就应有广开言路的管理者和一大批有才干、敢创新的优秀人才。这样一批人才的获得在很大程度上取决于管理者的培养，取决于企业是否有一种鼓励发表意见的氛围，取决于员工是否具备"野鸭"的精神
主动去找下属谈话，并征询下属的意见	有没有打算让你的下属成为你智囊团的新成员？也许他们的某些构想将会对整个集体有用，而如果你不采用的话，那便是一大损失。你是否考虑到把听取意见形成一种制度呢？这与设置意见箱、意见簿之类的做法是不同的，那些从某种程度上说都形同虚设，并没有起到什么作用。比较有效果的做法是：作为一名高层管理者，你应该经常拿出一些时间来同你的下属谈话，征求他们关于本企业的意见和建议。如果所得的构想对企业是有益的，就应该提到议程上来进行考虑、讨论和实施。我们相信，一个迅速发展的企业，只有注重内部人才的利用，发挥他们多方面的潜力，才能使企业健康有力地发展壮大
不可有先入为主的想法，并区分是非黑白	管理者不能有先入为主的想法，认为似乎只有一种建议是对的，而其他所有的建议都一定是错误的。也不能一开始就抱着这样的想法：我是对的，他是错的。管理者必须从一开始就下决心理清楚为什么人们会持有不同的意见。管理者当然也知道，蠢人和搬弄是非者总是存在的。不过，他们绝不会认为持不同意见者不是蠢人便是佼诈之徒。他们还懂得，除非有确凿证据证明某人别有用心，否则就应该把持异议者看作头脑正常和没有偏见的。假如他得出了一个明显错误的结论，那也是因为他所关心和看到的是问题的另一个侧面。管理者会自问道："我们应该向他做哪些说明，才能使他的观点站得住脚？"管理者所关心的，首先是理解，然后才去考虑谁是谁非的问题

总之，正确地听取不同的意见，营造一种民主的氛围，无疑会让每位员工都感觉到舒心，从而调动其工作积极性。善于纳谏，从某种程度上说是决定一位管理者是否会成功的不可缺少的因素，同

时，这可以决定作为管理者会不会达到他管理事业的最高峰。

创新决策的三种有效方法

创新是企业业务增长、业绩提高和估值提升的核心推动因素。因而，随着全球化打破曾经阻止公司发掘全部潜力的地域界限和市场障碍，公司的创新能力，即借助员工、合作伙伴、客户、供应商和其他各方的创新增值思维，成为名至实归的时尚话题大行其道。

现实中，在创新已经发挥重要作用的公司进行创新，所经历的挫折要远比想象得大。而模仿最成功的创新实践者的做法，似乎效果也不好。保持创新势头，创造大规模的真实价值的持续创新和唯一能够创造重大财务影响的创新就更难。那么，如何进行创新决策呢？这里提供三个主要方法：一是重视员工管理，二是领导者鼓励创新是关键，三是定义创新工作。如图 3 - 8 所示。

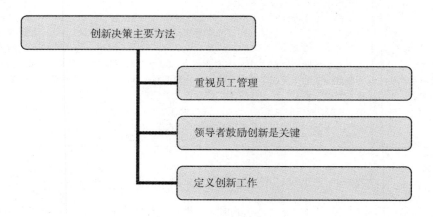

图 3 - 8 创新决策的方法

一、重视员工管理

实践证明，不懈地重视员工管理的三大基本因素将为创新型组织奠定基础：

首先，要正式将创新工作纳入高管层的战略管理议程中。通过这个方式，创新不仅能得到提倡，而且还受到管理、监督和评估，最终成为公司增长愿景的核心因素。

其次，高管应该更好地利用现有的人才开展创新工作，要创造环境，让动态的创新网络生根发芽，而不要实施破坏性太强的变革项目。

最后，应该采取明确措施培养以员工信任为基础的创新环境。在这样的文化中，员工知道自己的创意是得到重视的，也相信自己表达的创意是被鼓励的行为，并能与他们的经理们共同管理风险。这样的环境要比物质激励更能够让创新持续发展。

二、领导者鼓励创新是关键

创新在本质上和变革息息相关，需要从实现短期业绩目标的工作中抽出精力和资源。与其他目标的措施相比，创新工作可能需要管理层鼓励员工，赢得他们的信任和认同。鼓励创新行为的两大促进因素：一是鼓励和保护创新的强有力领导；二是愿意花时间积极管理和推动创新的高管。事实上，对创新工作敷衍了事、只说不做是最常见的创新杀手。

企业领导者能够对鼓励创新负起责任，这是进行创新决策得以成功的关键。负责创新工作，应在业绩评估中专门为创新制定正式的目标指标，这样才更有可能将创新工作视为增长的主要动因之一。

三、定义创新工作

需要定义的创新工作包括两方面的内容，即能够推动增长和帮助完成战略目标。为此，要做好以下三个方面的工作，见表3-10。

表3-10　如何定义创新工作

确定创新指导原则	要求员工在收集客户意见、交付服务或者客户体验方面开展大幅创新时，其实也在向员工宣布所期待的创新类型。如果没有这样的指导原则，员工只会提出小幅创新，经常是些人们熟悉的点子
领导会议讨论创新	将创新纳入定期领导会议的议程中。领先的创新型公司就采取这种做法，从而向员工传达了创新工作价值管理的重要信息
设置创新业绩指标	公司领导应该思考两种类型的指标：财务指标和行为指标。哪个指标会对员工的工作方式造成最大影响？公司领导还要设置指标，改变员工根深蒂固的行为，改变公司要求25%的点子来自外部渠道，不要在自己部门进行创新的病态

总之，进行创新决策，需要领导者重视员工管理，鼓励创新，定义创新工作。只有这样，才能在决策上真正实现创新，确定谁来负责后续项目并努力将项目成果商业化。

第四章　领导之道：无为管理
必须知人善任

　　《道德经》开篇讲："道可道，非常道；名可名，非常名。"意思是说，可言之道，实非恒道；可用之名，难为恒名。如果我们从领导用人的角度去研究理解《道德经》中的"道"，就是"领导用人之道"，用现代领导思维也可以重新理解为，真正的领导用人之道无法用语言和文字表达，而必须靠领导者自身用心去体会、揣摩。用人之道对于实施无为管理意义重大，因为用好了人，就能充分调动人的主观能动性、养成自觉性、激发创造性，实现"领导在与不在一个样"。为此，领导者要深谙为人、识人、用人、御人、教练诸环节，做到知人善任，从而真正实现无为管理。

领导者为人之道：无私寡欲、谦下服人

为人之道是领导者研究用人之道的前提。领导者只有先做好自己，才能管好他人。领导为人之道包括广泛的内容，诸如无私寡欲、谦下服人、报怨以德、宠辱不惊、认真谨慎等。本书认为，其中的"无私寡欲"和"谦下服人"是重中之重。

一、无私寡欲之道

《道德经》第十九章中说："见素抱朴，少私寡欲。"提倡人们保持纯洁朴实的本性，减少私心，降低欲望。"少私寡欲"，是禁欲的名言警句，也是禁欲的真话、真经、真理。做到"少私寡欲"是领导者修身、做官、从政，应解决好的一个主题、难题、课题。

所谓"少私"，就是要保持大公思想。正所谓"心无私欲，自然会刚；心无邪曲，自然会正"。一切超过度和超过量的欲望，都是私欲在支配、在作祟、在作怪。私心、私欲、贪欲，是万欲之源，更是万恶之源。少私，就要在理念上信公、崇公；在思想上立公、树公；在行动上捍公、为公；这是做人之道，从政之本，执政之基。私心长，私欲增；私心不除，私欲难消。祛私欲，戒贪欲，就要在思想上坚定地秉持大公的思想。

领导者对诱惑和欲望要节制。在这里，要节权力之"欲"，在用权上一心为公执好政；要节功名之"欲"，一心为民做贡献；要节升迁之"欲"，一心一意当公仆；要节金钱之"欲"，一心清廉不染尘；要节享乐之"欲"，一身正气不腐败。只有做官正，才能做正官；只有贪不念，才能念不贪；只有欲不望，才能不望欲；只有行得端，才能立得正；只有无私欲，才能心为公。

所谓"寡欲"，就是要保持执政廉洁。禁欲，在于寡欲，正如孟子所说"养心莫善于寡欲"。"贪欲是腐败高发的源泉"，领导干部一旦被贪欲所侵犯，被情欲所玷污，被物欲所左右，被权欲所控制，被色欲所征服，自然就会引出祸端。一切贪欲源于人性的贪婪，源于财色的诱惑，源于私欲的膨胀。不能寡欲，必然走向贪欲。

做到寡欲要坚持一个"清"字，清正廉洁，以清从政。寡欲必须从清正廉洁着眼、入手、着力。要做到清政寡欲，就要"自有尘瑕须拂拭，敞开心扉给人看"，坚持"物洗则洁，心洗则清"。古人说"官廉则政举，官贪则政危"，从这个意义上讲，清正廉洁是为官之魂，勤奋务实是为官之道，公正无私是为官之本，政绩卓著是为官之愿。在清正寡欲中，领导者应做到：心勿妄思、足勿妄走、人勿妄交、物勿妄受；应有春蚕的精神，吃的是绿叶，吐出的是丝绸，奉献于人类；应是燃烧的蜡烛之光，照亮陡峭的山路，让人登上高峰的顶点，给人类以光明，奉献自我；应有石灰的清白，为建设大厦拌入混凝土，留下青白在人间。

二、谦下服人之道

《道德经》第六十六章中说："江海之所以能为百谷王者，以其善下之，故能为百谷王。是以圣人欲上民，必以言下之；欲先民，必以身后之。"老子认为江海能汇聚百川，是因为处在百川之下。这里所说的"善下"、"言下"、"后之"，是启发领导者对下属要在人格上予以尊重，礼贤下士。《道德经》第六十八章又说："善用人者为之下。"意思是说，善于用人的领导者应当以谦逊的态度对待群众，切不可妄自尊大、盛气凌人、颐指气使。老子领导思想中"谦下服人"的观点应该引起领导者的深刻反思。

一个领导者要对别人谦逊有礼，必须具有良好的道德品质修养。对别人谦逊的领导者，才是有品位的领导者。古人所谓"善下斯为大，能虚自有容"，善下就是放下架子，把自己看得低一点，保持普通本色，与群众拉近距离；善下就是关心、爱护、体贴群众，体谅群众的难处和疾苦，真心为他们排忧解难。

一个领导者要真正做到对别人谦逊有礼，还必须清醒地认识到个人之力量是微薄的，个人之智慧是有限的。这种认识非常关键，否则不可能做到自觉对别人，特别是对下级谦逊有礼。我们每个人的能力和智力都是有限的，再聪明的智人，再高明的超人，再勇武的力士，都不可能孤身一人"包打天下"。任何个人都并非全智全能，离开了群众的配合、协作和贯彻执行，必将难以成功。一个明智的领导者应该懂得，即使是自己领导范围内的工作，即使是自己曾经做过和比较熟悉的工作，自己也并非事事皆能、处处高人一筹。很有可能在某一方面别人要比我们更内行、更高明。一个清醒的领导者应当看到，每个人都有他的优点、长处，能从他们身上找到自己借鉴和学习的地方。毛泽东同志早就说过："群众是真正的英雄，而我们自己则往往是幼稚可笑的，不了解这一点，就不能得到起码的知识。"

一个领导者如果真正做到了对别人谦逊有礼，其身边必然会人才聚集，并且能和谐共事，团结干事，成就大事。历史上刘玄德三顾茅庐，诸葛亮隆中决策，才成就了三国鼎立的局面，这是典型的事例。在现代企业管理实践中，领导者只有礼贤下士，善待员工，才能得到众人的亲近和拥护；领导者只有谦逊有礼地对待群众，才能够最大限度地调动和发挥各方面的积极性、主动性和创造性，才能够听到不同的意见，听进逆耳之言，听取群众策略。领导做到广纳群言、集思广益、择善而从，才能够科学决策，顺利实施决策，推进工作，成就事业。

总之，在无为管理实践中，领导者的自身修养和品德至关重要。领导者通过不断地提升自身修养，做到"无私寡欲"、"谦下服人"，才能够用高尚的品德去影响下属、树立自己的威信、赢得下属的信任和支持。这样才会有上下级之间的顺利沟通和良好的工作环境，从而保证工作任务的顺利完成和组织目标的成功实现。

领导者识人之道：用人必先识人、知人才能用人

用人必先识人，识人的目的又在于更好地用人。《道德经》第四十五章言："大成若缺，其用不弊。大盈若冲，其用不穷。大直若屈，大巧若拙，大辩若讷。"老子此言在于提醒领导者识别人才时，不要只看表面、看眼前，而忽视本质、忽视发展、忽视潜力，从而将真正的人才埋没。《道德经》第八十一章又讲："信言不美，美言不信。善者不辩，辩者不善。知者不博，博者不知。"进而提

醒领导者，那些善于卖弄者未必有真才实学。

识人也是知人，就是能够历史地、全面客观地了解别人的长处和短处，及时发现和识别人才。《道德经》第三十三章说："知人者智，自知者明 。"告诫领导者知人前首先要知己、要有自知之明。《道德经》第七十一章讲："知不知，尚矣；不知知，病也。圣人不病，以其病病。夫唯病病，是以不病。"大意是说能知道自己无所知，这是最高明的了；不知道自己无所知，这就是毛病，之所以圣人没有这个毛病，是因为圣人意识到了这个病，所以才没有这个毛病。作为领导者要既能识己又能识人，从而保证领导工作的顺利进行，做到"知己知彼，百战不殆"。

用人必先识人，识人是为了更好地用人。企业领导者要识人，需要从以下几个方面着手。

一、从人的性格上去了解人

人的性格大致可分为四大类：能力型、完善型、活跃型和平稳型。应对不同性格的人采取不同的管理方式。

二、从人性的角度去了解人

麦克雷格将人大致分为两类：X 类和 Y 类。这两类人基本对应于荀子的"性本恶"和孟子的"性本善"。相应地，管理方式应采用相对专权和放权。

三、从人的心理需要去了解人

马斯洛将人的需要分为五个层次：生存的需要、安全的需要、社交的需要、尊重的需要和自我价值实现的需要。对处于不同需要层次的人要采取相应的满足其需要的管理方式。

四、从德、才、术方面去了解人

"德"包括日常所说的为人处世的道德，但对企业而言，包括员工必须认同企业的文化，遵循企业的价值观。"道不同，不足为谋"，"不是一家人，不进一家门"，"物以类聚，人以群分"都是在强调同一事件，那就是价值观。企业家用思想推动企业，用价值观凝聚资源。我们说管理的最高境界是没有管理的管理，即"无为而治"。实施基于价值观的领导并非要找出更好地控制员工的方法，而是给员工以更多的自由。孙悟空的紧箍到后来真的没有了吗？它还在那里。只是从有形变成了无形，由束缚肉体变成了束缚思想。这个束缚的关键，就是价值观管理。

对于鉴别"才"，中国三国时期魏国人刘劭有一本书叫《鉴人资源》，其中说人有八种才干："聪能听序，谓之名物之才；思能造端，谓之构架之才；明能见机，谓之达识之才；辞能辩意，谓之赡给之才；捷能摄失，谓之权捷之才；守能待攻，谓之持论之才；攻能夺守，谓之推彻之才；夺能易予，谓之贸说之才。"意思是说，聪明而能够认识事物的发展规律；善于思考而能够在旧基础上更新、创新；有智慧而能了解事物变化的原因；善于沟通而能说服别人；反应敏捷而能避免失误；坚于防守而能抵御对手；主动出击而能获得胜利；能够"以子之矛攻子之盾"批驳对手而赢得胜利。

对于"术"，简单地说就是具备专业知识及专业的执行能力。

总的来说，识别人才实际上是非常困难的。白居易在《辨才》

一诗中有云："试玉要烧三日满，辨才须待七年期。"因此对于"非常之才"要有非常的耐心，要经过较长时间的识别和考察。

领导者用人之道：有容乃大、人尽其才

一个领导体系是否完善在很大的程度上取决于领导者的用人之道。只有正确运用人才，一个领导体系才能正常地运转起来，工作才能有效率、有保证地完成。在这里，有容乃大、人尽其才是企业领导者的用人之道。

一、如何做到"有容乃大"

有道是"海纳百川，有容乃大"。一个优秀的领导者必须做到"容"。"容"乃中华民族的传统美德。《道德经》第十六章讲："知常容，容乃公，公乃全，全乃天，天乃道，道乃久，没身不殆。"意思是讲，懂得了常道才能容纳一切、无所不包，无所不包才会大公无私，大公无私才能无不周全，周全才能符合自然的"道"，符合自然的"道"才能长久，终身才不会遭受危险。

领导者只有容人之过、容人之才、容人之争，才能做到"有容乃大"。

表 4-1　领导者如何做到有容乃大

容人之过	领导者要懂得"人非圣贤，孰能无过"的道理。不要死死抓住下属一时之过，而对其全盘否定。要看到下属的长处，扬长避短，创造机会使其充分发挥优势

容人之才	对于一个领导者而言，容人之才不仅是事业的需要，也能反映出领导者的觉悟、胸怀和品格。作为领导者，固然是该组织中职位最高的人，但不一定是才学最高的人。孔子曰："师不必贤于弟子，弟子不必不如师。"工作中要敢于任用比自己强的人，要懂得"智者当借力而行"的道理。要坚决摒弃"木秀于林，风必摧之"的不良风气。个别领导者不愿意用比自己强的人，怕这些"强人"难以驾驭，更有甚者，怕下属超过自己、威胁自己，采用卑劣手段压制别人、抬高自己。这实际上领导者自身嫉贤妒能的不正常心理在作怪，同时也是自身无能的表现。这样的人也永远不会成为优秀的领导者。"青山遮不住，毕竟东流去"，有真才实学的人是压不住的，迟早会"锋芒毕露"
容人之争	领导者如何面对敢于直面发表不同意见，甚至直面与领导争论得面红耳赤的下属。个别领导把这样的下属称为"刺头"，其实不然。优秀的领导者会把这类"刺头"视为有思想又有见解的下属，认为他们的言论是忠于事业、忠于组织的主人翁精神的体现。古语道：忠言逆耳利于行，对于这样下属所提出的意见，只要符合实际、利于工作，领导必须予以接受并予以鼓励

二、如何让"人尽其才"

《道德经》第二十七章中说："是以圣人常善救人，故无弃人；常善救物，故无弃物。"意思是说，有道的圣人能够随时挽救和教化人，使人尽其才，所以才没有遗弃的人；能够处处珍惜万物，使物尽其用，所以没有遗弃的物。

现代领导者要善于发掘每个人的潜力，发现各方面具有专长的人才，将他们安排到能够充分发挥其才能的位子用其所长，避其所短，对人才进行合理分配，合理搭配组织，不使人力资源浪费，做到人尽其才、物尽其用。

一个企业，经营得活与不活，关键是企业决策者能否抓好经营管理，是否做到了物尽其用、人尽其才。事实上，经营得好的企业，其下属部门都有一批有才干的主管人员，如何使这些人安心于本职工作，并长期保持一股工作的冲劲，这是企业管理和经营中的一个重要课题。为了解决这个问题，美国的一些大公司研究出不少方法，其中之一就是充分信任员工，不断鼓励和激发他们的创业精神，做到人尽其才。所以，作为企业家，如果有一种善于识人、用人的本领，能够抓住别人的优点和长处，恰如其分地使人才尽其力量，尽其智慧，必能产生无穷无尽的效能。正像当前世界上许多成功的大公司一样，美国通用电气公司在管理企业的过程中十分重视人的作用，他们甚至认为，企业的成功取决于人事经理办公室。因此，从最高领导人到各级人事部门都很重视用人之道，并建立了整套人事管理制度——从职员的招聘、录用、培训、考核、任免、奖惩、工资和解雇等方面，加强对人的科学性管理，做到人尽其才，以确保通用在高度竞争的市场环境中居于领先地位。

其实，用人之道就在于调动人的主观能动性和积极性，过去通用人事部门叫人事管理部，从名称上来看，就知道是在强调"管"。但是，单靠"管"很难激发员工的工作热情，而人事部门的职责就是开发和挖掘人的潜力，所以，现在人事部门称为人力资源部。由于通用电气公司人员流动大、调动频繁，每年约有43%的人员的职务或职位有变动。所以，各级人事职员的关系虽然隶属于人事部门，事实上，他们受人事部门和业务部门的双重领导。这些人事职员从不集中办公，而是分散到各个业务部门中工作。目的无他，就是为了熟悉和关心职员。

通用人事部门根据公司的生产、工作情况制定各部门人员编制。出现缺员时，人事部门首先会在公司内部招聘——通用电气公司人事部门根据用人部门的要求，发出招聘通知张贴在公司布告栏上或刊登在内部刊物上，通知会明确地说明工作性质、待遇以及对应聘人员的要求。一般情况下，公司内部人员流动是不受阻碍的，所以，想报名的员工只需填写申请表——介绍本人学历、工作经历、能力、健康状况等，再附上一封原上司或他人的推荐信即可。人事部门对报名表整理筛选后，通知本人来公司，与用人部门共同进行面谈最后确定是否录用。当然了，如果内部招不到合适的人选，通用人事部门就向外招聘。

简单地说，通用的用人之道是：重视识人、用人，并通过建立整套人事管理制度来加强对人的科学管理，做到人尽其才，以确保公司居于领先地位。

领导者御人之道：不言之教、赏罚并用、以柔克刚

所谓御人之道，是指驾驭人、管理人的方法，是赢得他人的灵魂和心力或身体和精神，使之为组织所用的方法。领导不但要会用人，更要会御人。老子的领导用人思想中，御人思想也是重要的一部分，其中提到的"不言之教、赏罚并用、以柔克刚"，可为现代企业领导者所借鉴。

一、如何"行不言之教"

谈到企业管理，很多人首先想到的就是如何完善规章制度，如何布局管理体系，如何费尽心思地去掌控全体员工。《道德经》第

二章说："是以圣人处无为之事，行不言之教。"同时，《道德经》第四十三章又说："不言之教，无为之益，天下希及之。"道家的管理思想强调"道法自然"，"无为"才能"无不为"，那么"行不言之教"就是道家极力推崇的无为领导思想之一，主张领导者应以身示范，不言多行。

"行不言之教"，需要领导者加倍努力。"行不言之教"首先体现在管理的"道法自然"上，强调顺应规律，不去进行过分的人为干预。优秀的企业领导者应当深刻领会老子的思想，这就是：给员工自化、自正、自富的权利，不去进行过多的人为管制，而是给员工自我发展的机会，激发其自身的创造性。只有采用这样的管理，使员工能看到自身的价值，调动他们自身的积极性，在企业里才可能出现领导在与不在员工都能自觉工作的局面。

"行不言之教"还要求领导者能"不尚贤"、"不贵难得之货"和"不见可欲"。《道德经》第三章中特别强调这三个方面："不尚贤，使民不争。不贵难得之货，使民不为盗。不见可欲，使民心不乱。"主张不推重贤才，不珍爱难得的货物，不炫耀可以引起贪欲的财货。这样可让人不争权夺力，不因贪心而为盗，不扰乱人民清静的心思。《道德经》第十二章中也有相关的论述："五色令人目盲；五音令人耳聋；五味令人口爽；驰骋畋猎，令人心发狂；难得之货，令人行妨。"老子认为人的私欲是永远不会满足的，追求感官的刺激物永远不会令人内心淡定从容。

二、赏罚并用之道

《道德经》第三十一章讲："夫兵者，不祥之器，物或恶之，故有道者不处。君子居则贵左，用兵则贵右。兵者不祥之器，非君子之器，不得已而用之，恬淡为上。"意思是说，兵器武力是不吉祥的东西，如果万不得已要使用它，只求达到目的就行了。

老子认为处罚不是御人的好方法，只是在不得已的时候使用它，并要适可而止。如果处罚过重，就会让人感到不公，失去对组织的认同，甚至产生怠工或破坏的情绪；处罚过轻则会让人认识不到错误的严重性，可能导致犯同样的错误。同样，奖励过重也会使下属产生居功自傲、不思进取的情绪；而奖励过轻则起不到激励的作用，让人产生不被重视的感觉。这就要求领导者做到赏罚适度、得当，赏罚并用、公正适度，不能徇私情，要依制度而行。

赏和罚，是领导者调动下属积极性的重要杠杆，是一项重要的领导艺术。它可以最大限度地调动人的积极性、主动性和创造性。赏与罚是激励的两个极端，赏为正激励，罚为负激励。处罚对于惩戒懒惰、维护纪律行之有效。但它却不是非常理想的管理手段。一旦处罚不得当，就会严重挫伤员工的积极性，引起对立情绪。

三、以柔克刚之道

老子出于对人性和自然现象的深刻认识，在《道德经》第七十六章中提出："人之生也柔弱，其死也坚强。草木之生也柔脆，其死也枯槁。故坚强者死之徒，柔弱者生之徒。是以兵强则灭，木强则折。强大处下，柔弱处上。"意思是说，人活着的时候身体是柔软的，死了以后身体就变得僵硬。草木生长时是柔软脆弱的，死了以后就变得干硬枯槁了。所以坚强的东西属于死亡的一类，柔弱的东西属于生长的一类。因此，用兵逞强就会遭到灭亡，树木强大了就会遭到砍伐摧折。凡是强大的，总是处于下位；凡是柔弱的，反而居于上位。此外，《道德经》第四十三章的"天下之至柔，驰骋天下之至坚"、《道德经》第三十六章的"柔弱胜刚强"，都在提醒领导者应具有良好的道德修养。工作中做到柔顺谦虚，而老子所提倡的柔弱绝不是软弱无能，而是具有极大的灵活性和伸展性，正所谓"大丈夫能屈能伸"。

老子认为，作为领导者应该像水一样，视领导之术为领导者美德的化身。《道德经》第八章曰："上善若水。水善利万物而不争，处众人之所恶，故几于道。居善地，心善渊，与善仁，言善信，政善治，事善能，动善时。夫唯不争，故无尤。"水停留的地方都是众人厌恶的低洼之地；水深则藏，含而不露；水利万物而不害万物；水避高趋洼，平衡高低；水冲洗污垢，刷新世界；水能静能动，能急能缓，能柔能刚，能内能外，能升能隐；水冬为雪夏为雨，不违天时。优秀的领导者应虚怀若谷，待人宽容；处世仁慈，利人利己；言行一致，以诚信为本；清正廉洁，治理有方；遵循规律，循序渐进；审时度势，伺机而动。这总体要求领导者要以有原则、机智的"柔"去克制无原则的粗暴的"刚"。

老子关于"以柔克刚"的论述，对任何一个现代企业领导者都具有重要的启示意义。领导者在工作中面对下属的过激行为，应采取理智和冷静的态度去缓解对立情绪，巧妙坚持原则，从而化解矛盾。

总的来说，领导者御人之事，不可拘于成见，不可拘于陈规。御人之道在于御心，正所谓"得人心者得天下"，兵法讲"攻心为上"说的就是这个道理。因此，领导御人，应该以御心为上。

领导者教练之道：教练式发问与支持

《管子·心术篇》中说："无代马走，使尽其力；无代鸟飞，使弊其翼。"意思是说，如果你不代替马儿去行走，马儿自然会奋力前奔；如果你不代替鸟儿去飞翔，鸟儿自然会振翅高飞。这句话完全可以用来解释领导者的教练之道。

领导者的教练之道，是将管理学和心理学结合，从转变人的心态、激发人的潜能入手，由内而外地提升组织绩效。相较于旧的领导方式，教练式领导是一种更加积极、深入的领导方式，它汲取心理学、管理学和教练技巧的精髓，通过教练式的发问与支持，从外改变人的行为模式，从内发掘人的心理资源，即乐观的心态、积极而坚定的信念、务实而开放的思维、源源不绝的生命能量，这正是心理资本所蕴含的自信、希望、乐观、韧性。

一、教练式发问——有力对话的驱动力

领导者不要告知，要发问！

告知是"告诉某人做什么，而不是问他们要做什么"。告知先入为主地假定员工不知道做什么，不知道如何靠自己找到做什么的答案。因而，老板无法发掘出员工的才能，而且，如果工作无法完成，老板就要承担相应的责任（例如，老板让我……）。当告诉他们做什么时，员工的责任感和敬业度都很低。

发问倾向于让人敞开心扉、鼓励学习、激发创造力、加深理

解、支持人们靠自己解决问题、创造共识、增强积极性。为了支持员工对自己的职责保有责任感和敬业心，并支持他们做出成绩，要问他们有可能怎样解决这个问题？邀请他们加深承诺，承担个人责任；支持他们挖掘自己真正的人力资本。对于管理者来说最难的事，是意识到员工不会按照自己的想法做事。相反，如果强迫他们用自己的方式做事，他们就会变得不满或依赖。

二、教练式支持——忠诚地支持员工

教练式管理是支持个体（组织）完成自我超越的管理方法。教练式管理者是一个抽离的（不把自己判断意见加给对方）、启蒙的（引发对方看到以前看错的、看漏的或未体验过的可能性）、利他的（无私心协助对方成长）支持者。作为教练，应该是员工工作中的忠诚支持者。员工的目标就是领导者的目标，在员工实现目标的过程中，领导者永远是支持者。在员工取得进步、获得成功时，领导者会以此为荣，支持员工再接再厉，再创新高；在员工灰心丧气、遭受挫折时，领导者会引导员工看到困境对于自己的正面价值和意义，并支持员工挑战困难、知难而进。

领导者帮助员工建立坐标，指南针帮助员工确定方向。只要找到了方向就不怕没有路，只要找到了路就不怕路远。运动场上，体育教练的目标是带领运动员去赢得体育竞技的金牌；人生道路上，领导者的目标是支持员工找到人生的方向与捷径。所谓的捷径就是对于员工来讲以最少资源达到最佳效果的通路。领导者通过专业教练技术的运用，协助员工厘清目标、改善行动，再改善、再行动，达成人生的一个又一个目标，赢得人生的金牌！

领导者身先士卒做榜样也是一种支持。在管理过程中，领导者犹如一面镜子，要清晰地照出员工的真实现状和局限，同时引发对方看到更多的可能性，给对方一个重新选择的机会。大家早上出门前通常会做的一件事情就是照镜子，照镜子的目的是看自己仪容是否整洁，装束是否得体。镜子可以从上、从下、从左、从右、从前、从后照到我们的表面，但是却无法照到我们的内心。领导者的工作就是运用专业教练技术准确、客观地反映当事人的实际现状。员工通过教练这面镜子看到真实的自己时，更易找到属于自己的内心宝藏或被自己忽略的资源，进而有效地整合运用，最终有效地实现目标。

第五章　制度保证：无为管理
需要制度保证

　　制度是决定和改变人行为的东西。人都是理性的，都知道什么样的行为对自己最有利。管理者的关键任务是制定出有效的制度，把下属的自利行为引导到对组织有利的方向上去。一个成熟的企业领导者，在确立基本制度后，他根本不用自己喊着口号鼓动下属冲锋陷阵，下属自然就知道往前冲。下属的行为已经变成了自觉、自发的行为，因为这种行为对他们自己是最有利的。管理的最高境界是"无为而治"。成功领导者的经验告诉我们：人的无为，必须建立在"制度有为"的基础之上。而有效的制度设计，又必须建立在对人"自利"本性的把握上。

始制有名，制度决定管理的高度

《道德经》第三十二章中说："始制有名，名亦既有，夫亦将知止，知止可以不殆。譬道之在天下，犹川谷之于江海。"意思是说，万物开始有秩序就有了名分，既有了名分，人就应该知道自己不可逾越的限度。知道人的限度而及时止步，就可以平安无患了。譬如道引导天下万民归向自己，就好像河川疏导诸水流向大海。这是老子对于秩序或制度的精辟见解。在企业管理实践中，制度的重要性决定了管理的高度。

一、制度的重要性

有一个十分有趣的分粥故事：

由七个人组成的小团体，他们每个人都是平等的，但同时又是自私自利的。他们想通过制度创新来解决每天的吃饭问题——要在没有计量工具和没有刻度的容器的条件下分食一锅粥。大家发挥聪明才智，试了很多种办法，多次博弈后形成了以下诸种规则：

规则一，指定一个人负责分粥事宜，成为专业分粥人士。很快大家发现，这个人为自己分的粥最多，于是又换一个人，结果总是主持分粥的人碗里的粥最多最好。权力导致腐败，绝对的权力导致绝对的腐败，在这碗粥中体现得一览无余。

规则二，指定一个分粥人士和一名监督人士，起初比较公平，但到后来分粥人士与监督人士从权力制约走向"权力合作"，于是分粥人士与监督人士分的粥最多。这种制度失败。

规则三，谁也信不过，干脆大家轮流主持分粥，每人一天。这样等于承认了个人有为自己多分粥的权力，同时给予了每个人为自己多分粥的机会。虽然看起来平等了，但是每人在一周中只有一天吃得饱而且有剩余，其余六天都饥饿难挨。大家认为这一制度造成了资源浪费。

规则四，大家民主选举一个信得过的人主持分粥。这位品德尚属上乘的人开始还能公平分粥，但不久以后他就有意识地为自己和溜须拍马的人多分。大家一致认为，不能放任其腐化和败坏风气，还得寻找新制度。

规则五，民主选举一个分粥委员会和一个监督委员会，形成民主监督与制约机制。公平基本上做到了，可是由于监督委员会经常提出各种议案，分粥委员会又据理力争，等分粥完毕时，粥早就凉了。此制度效率太低。

规则六，对于分粥，每人均有一票否决权。这有了公平，但恐怕最后谁也喝不上粥。

规则七，每个人轮流值日分粥，但分粥的那个人要最后一个领粥。令人惊奇的是，在这一制度下，七只碗里的粥每次都是一样多，就像用科学仪器量过一样。每个主持分粥的人都认识到，如果七只碗里的粥不相同，他确定无疑将享用那份最少的。

这就是制度。制度的确至关紧要，它比技术更重要，制度决定行动的高度。在我国这个社会转型的当口，尤其立见分晓。

下面这个故事，同样说明了制度的重要性。

1788 年 1 月 18 日，菲利普船长率领战舰押解 700 多名犯人来到这个不毛之地，11 月 26 日，英国流放到澳洲的第一批犯人抵悉尼湾，英开始在澳建立殖民地，后来这一天被定为澳大利亚国庆日。此后 80 年间共有 16 万英国犯人被流放到此，澳洲被戏称为"囚犯创造的国家"。如今的澳洲生活富裕，大家都有所了解。哪怕是一群流民，靠好的制度也能建立文明的国家，这就是制度的力量。

二、制度的进步决定企业的进步

一个和谐而文明的社会必基于一种和谐而文明的制度。一个昌明而伟大的国度必基于一种昌明而伟大的制度。一个发达而进步的企业必基于一种发达而进步的制度。

这里所说的制度是一个十分宽泛性的概念，泛指一切制度、体制、机制、规则、规范、规矩、规章、法律、道德、伦理等所有社会人必须恪守的约定或准则。这些约定或准则关系到每一个人、每一个团队、每一个组织、每一个企业、每一个社会、每一个国家。按照这种宽泛意义上的理解，制度有硬制度、有软制度，有显制度、有潜制度，有大制度、有小制度，有新制度、有旧制度，有好制度、有坏制度，有进步的制度、有落后的制度。我们今天所倡导的改革，其实就是对制度、体制、机制、规则、规范的改革，就是设法用一种新的、好的制度、体制、机制、规则和规范来取代旧的不好的制度、体制、机制、规则和规范。社会的文明首先是制度上的文明。

每一次社会的变革都会促使生产力飞速发展、人类生活水平极大提高。企业的管理制度就如同社会制度一样，需要经历一个由低到高的发展过程。事实上，企业的进步首先是制度上的进步。企业任何一次成功的改革都是从制度上着手的，也是从制度上收到成效的。纵观古今中外，历数所有改革成功的企业，几乎无一例外都是制度、体制和规则改革的成功；相反，历数所有改革失败的企业，几乎无一例外都是制度、体制和规则改革的失败。在企业的制度改革实践中，用新的、好的制度取代旧的、不好的制度必然导致进步与成功，用一种新的、不好的制度取代另一种旧的、不好的制度必然导致鲁莽与失败。这里所说的"不好"，主要指不科学、不合理、不完善、不健全、不严谨、不善良、不进步、不积极，或者缺乏可操作性。企业中的每个人都是好制度的受益者，同样也是不好制度的受害者。当然，另外，就员工个体而言，有好的制度也必须有好的落实，有好的恪守，有好的监督，有好的执行。否则，再好的制度也只能是天外仙山、空中楼阁。

企业的管理制度并没有绝对的对与错，绝不是万能的。它要根据环境的变化、文化的不同而有所变化，它需要实事求是，因地制宜。治理公司，就如同治理国家，文化不同、地域不同、环境不同、行业不同，管理制度就不可能完全相同。管理制度创新成功必然是顺应了时代的潮流，这是历史发展的必然结果。

企业管理制度的创新意味着整个企业的集体行动更加有效，它带来的进步远远不是个人的改变所能比拟的。一个公司若能做到物尽其用人尽其才，把自身的人力资源、物质资源等资源所能够发挥的力量发挥到最大化，这就证明了管理制度的可行性以及优越性。好制度带来的必然是公司人员工作效率的提高，利润的增加，从而表现出活力与生机。好的制度犹如好的道路，它可以让员工来去自由，行走便捷，并顺利抵达人生理想的目标。人们之于企业的理想，也主要指向理想的制度。好的企业制度可以创造安宁、创造和谐、创造激情、创造活力、创造文明、创造素质、创造财富、创造力量、创造希望、创造效率、创造进步、创造繁荣、创造昌胜，甚至创造奇迹。

制度的进步决定企业的进步。一个公司的成败很多时候并不取决于公司的大小，而是公司的管理制度，要想有长足的发展，必须在制度上加以创新。一个公司有没有大的作为，决定它的高度的，并不是它的资金或规模，而是它的管理制度。只有管理制度不断顺应时代潮流和环境变化，与时俱进，这个公司才能立于不败之地，基业长青。

制度管理应以人为本

企业管理活动中最关键的三个要素就是人、制度和文化。其中人居于第一位，因为企业管理归根结底是对人的管理。因此，制度管理应该以人为本。

我们强调以人为本，一方面要赋予人发展的自由，另一方面要看到自然法则和社会契约是约束人发展的客观因素。这就要求我们一方面要强调人建立规则意识，另一方面要充分利用契约给人的导向作用，为企业员工的发展提供方向和目标。

一、建立规则意识

坚持以人为本，不是强调人治，而应强调用制度化管理来约束人、发展人。从以下两则故事，我们或许会有所启示。

伦敦奥运会上新西兰皮划艇选手麦克·道森在皮划艇激流回旋预赛中，在过第五个门的时候，稍稍碰了一下障碍门，这一幕被曾执法两届奥运会的资深裁判凯伊·道森看到，于是果断开具了惩罚通知，判罚麦克扣时两秒。有趣的是，凯伊·道森正是麦克的母亲。不过凭借自己出色的发挥，在被铁面无私的亲妈罚时之后，麦克依然如愿晋级半决赛。不过，对于妈妈的判罚，麦克倒是没往心里去。他笑称："我打算让我的'教练'去找那位'特殊'的裁判抗议。"麦克的教练，正是他的父亲赖斯·道森。不过玩笑归玩笑，麦克也承认，奥运赛场上就需要这样的公正公平。"妈妈的判罚是准确的，我确实犯规了。"

从这则奥运花絮中我们看到规则意识已深入新西兰奥运一家人的工作生活之中，对规则的严格遵守，已成为维护赛事公平和持续发展的重要保障。

一名华人到德国去旅游，下飞机已经很晚了，于是他打了一辆的士赶往宾馆。来到十字路口时，正好是红灯，这时四周早已没有人影。这名华人说：路上没有车也没有人，我们过去不就得了。可德国司机说：在四周林立的高楼中，假设有一个孩子看到我闯了红灯，他将来也许会效仿，也许他会为此付出代价。

由此可见，在西方的一些国家，法律、制度早已根植在每个人的心中，贯彻于他们的行动之中。

二、充分利用契约的导向作用

爱因斯坦说："人类是在参加一场带着锁镣的舞会。"这句话的用意在于，人要受制于各种自然规则和社会规则，才能获得生命的有限自由。

所谓"无规矩不成方圆"，社会契约是保障社会秩序的前提。虽然随着现代科技的发展，人们已能够不断驾驭各种自然和社会规律并将其服务于人类，但这种自由是有限度的。游戏、体育竞技、社会活动、经济活动都是在规则之下开展的，尊重游戏规则，应当成为每个人应有的素质。

当规则合理时，会促进人与社会的发展和进步，但当规则违背公平与正义时，就会阻碍人与社会的发展。

某中学来了一位新领导，上任伊始就提出要发展学校体育工作，加强学生课余训练质量。全体体育教师出于对领导工作意见的支持和自身对本职工作的热爱，加班加点地努力付出。无论刮风下雪，部分体育教师早晨五点半早起训练，一直到天黑才结束训练工作。工作的努力也换来了优秀的成绩，该中学在市级比赛中也屡获冠军，成为全市体育战线上的"排头兵"。然而，全体体育教师如此的付出并没有得到任何合理的回报，加班加点不计入教师评估，取得成绩不计入量化评估……最终以民主评议的方式来决定体育教师的评估分，导致努力工作的体育教师评估分极低，与任何应有的荣誉无关。更令人啼笑皆非的是，领导并以此为依据进行所谓的末位淘汰，导致三位致力于体育训练工作的主力教师被"淘汰"出原来的学校。努力工作的被淘汰，不努力工作的反而平安无事，于是整个学校的工作风气严重受到影响，体育教师的工作积极性也被打击得荡然无存。最后，该学校的体育成绩由原来市里的第一落到远离前六。

　　人治和不合理的制度会对工作起到适得其反的作用，非但不会对工作有任何积极的影响，反而会打击人们工作的积极性和热情。

　　以人为本，不是提倡人治，而是强调一方面要突出人的主观能动性，另一方面要切实落实制度化管理。另外，要加强制度建设，让制度更合理，帮助社会和人朝着更为公平、正义、健康、美好的方向发展。制度和规则在选择人，人也有权利选择、完善和发展制度和规则。完备的契约体系才是实现选择人、发展人的根本手段。

　　生命百态，有其内在的基因控制，也受制于意志的相互选择，自然意志与生命意志的相互结合衍生了生命万象。葫芦受制于有型的模型，呈现出人工塑造的形状，而人也会受制于各种法律、道德、规章、制度，呈现出不同的发展趋向和意识形态。面对自然规则和社会契约的双重选择，我们一方面要追求自然内在的规律，达到生命的自由；另一方面要不断审视我们的社会契约是否合理，是否能促进人类的进步，更应赋予人们对制度和规则的选择权、发展权。对客观、合理、完善、完备的法律、制度和规则我们更有责任和义务去遵守，而不容践踏和损毁。这才是真正的"以人为本"的制度管理！

用人品去相信，用制度去怀疑

　　制度必须以尊重人为出发点，但人性也需要制度来约束。下面我们从"人性及其法则"、"好制度必须是合理的"这两个维度来探讨制度必须尊重人的问题。

一、人性及其法则

人类行为科学研究表明，人无论在思想、分析、推理还是与其他人打交道，总是无法避免情绪因素的影响；人的情绪反应，虽然有时候不易觉察，但与人的行为高度相关。人的情绪既可为企业提供资产，如员工的忠诚、热情、干劲、承诺、责任感、自信等；也可给企业带来负债，如敌对的情绪、阻抗的情绪、不合作的态度、不合实际的观点，狠毒、自私、不成熟、嫉妒、贪婪、不合理性的行为等。

英国人类学家爱德华·泰勒在其经典著作《人类学——人及其文化研究》中指出：人类任何时候也不可能作为单纯的、每一个人都是从事其独自事业的一群个人而生存。社会无论怎样古老和粗野，总是具有它们的关于好坏行为的准则，我们可以把这种准则理解为"人性的法则"。实际上，群体里的争论各方都有一套共同承认的方法，行为或道德等方面的公正规则或定律。

在群体里，人们经常根据三种法则来进行社会交易或分配社会资源，那就是"公平法则"、"均等法则"和"需求法则"。"公平法则"认为每个人都应当依其贡献比例的大小，获得相当的报酬。"均等法则"不管每个人客观贡献的大小，要求大家一律平等分摊利润及损失。"需求法则"认为利润、成果或其他利益的分配应该满足接受者的合理需求，而不管他们个体的贡献大小。

正常人都具备有关人性法则的观念，都受到人性法则的约束；人虽然知道人性法则，但却经常地违背它，这两个事实可以在讨论企业管理行为中作为认识人性的基础。

二、好制度必须是合理的

邓小平同志有一句名言:"好的制度能让坏人干不了坏事,不好的制度能让好人变坏。"

通常认为,如果一个人在同一个地方摔两次跤,他会被人们笑为"笨蛋",如果两个人在同一个地方各摔一跤,他们会被人笑为两个笨蛋。按照"修路"原则,人们正确的反应应该是:是谁修了一条让人这么容易摔跤的路?如何修正这条路,才不至于再让人在这里摔跤?如果有人出错,可能是个人的原因;如果有人在同一地方重复出错,那肯定是路有问题。

如果你发现有人工作偷懒,不一定是人的惰性使然,很可能是因为现行的规则,即"路"能给他人偷懒的机会;如果你发现有人不求上进,不一定是他不思进取,很可能是因为现行的激励措施还不够得力;如果你发现一个人经常加班到很晚,不一定是他具有为公司奉献的精神,很可能是因为他自己的工作方法不得当甚至故意赚取加班费;如果你发现一个公司经常出现扯皮现象,不一定是大家都喜欢推卸责任,还很可能是因为"路"上职责划分得不够细致明确。因为只有好的制度,才不会让好人有变坏的机会。

总之,制度管理必须以尊重人为出发点!这一点已经成为越来越多企业管理者的共识,他们也正努力不断尝试着建立好的企业制度与规则。

用好制度实现利益最大化

制度的威严来自公共利益的最大化。这不是所谓人性与制度的较量，因为真正的制度，恰恰是众人之"仁"的集结，"网开一面"多了，制度原则就成了绕指柔。因此，一个好的企业制度，应该是能给每个人都带来好处的，是能够实现利益最大化的。

一、企业制度与员工利益

先来看下面两个案例：

中国南方某开发区是世界上比较发达的成衣制造中心之一，农民出身的私营企业家老金正在创造奇迹：他的工人每天生产25件衣服，而同在开发区的其他工厂的工人每天只能生产16件。当大部分工厂开工不足时，他的工厂仍要加班加点才能完成源源不断的订单。为什么老金的工厂劳动生产率比行业平均生产率高出近50%？其秘诀何在？

老金认为，制衣厂工价高低是工人最关心的问题，也是工人和老板对立的焦点。这里制衣行业的惯常做法是事后定价，工人常常觉得老板占了他们的便宜，为了显示工作的复杂程度，工人们往往采取集体怠工的做法。最初，老金和他的管理团队也被这个难题搞得焦头烂额。后来，他们决定采取事先定价，以便让工人感到公平合理。于是，他们把工价事先定下来，并张榜贴在墙上。这样，工人在开工前就知道他们每做一件活的钱。为了事先把工价定得更合理，工厂又推出工价招投标制度，以校正事先定价的误差。这种投标的做法虽然增加了生产安排的难度，但却促进了各个小组之间的合理竞争。结果，平均工价降下来了，工厂的生产也比以前稳定了。此外，老金还有一个小组长末位淘汰制度，这个制度的目的之一就是要增加小组之间的竞争。末位淘汰制度虽然残酷，但对提高工厂劳动生产率起到了非常大的作用。

老金说，如何解决废品率是一个非常关键的问题，由质量不合格带来的退货和索赔一度是他最头疼的问题。他的解决办法是，推行上下工序索赔制度：每一道工序的工人都有责任监督检测前道工序的质量情况，有权向前道工序质量不合格给自己造成的损失索赔。为保证这个制度执行的公正性，他们专门成立了以工人为主的索赔仲裁委员会，对那些责任不清的事故做出仲裁。在他们厂里，70%以上的质量纠纷都由工人自己解决。索赔制度之所以能执行下去，是因为这个制度对老金和其他管理人员同样有效。

老金的农民出身对他管理好自己的工厂很有帮助，因为他知道来厂里打工的农民除了挣钱，内心深处一直渴望公平。因此，在老金的制衣公司，凡有不公平的地方老金就会下决心改。为了追求"公平、公正和公开"的企业文化，为了加强工人的自我管理，工厂的工人自己组建了五个委员会：薪酬福利委员会、质量裁决委员会、提意见委员会、文体委员会和道德检查委员会。所有委员都是按照竞选程序选出来的。委员虽然都是兼职的，但工人竞选委员非常踊跃，因为这些委员会对工厂的日常管理有实际发言权，能直接影响他们的工作和生活，能维护保障他们的权利。

老金说，工厂的制度之所以非常有效，是因为他有一个同他一起摸爬滚打的、打工仔出身的、能执行这种制度的管理团队。制衣公司的管理制度写在纸上虽然只有十多页，但都是老金和他的管理团队一起摸索着制定出来的，并且用农民都能看懂的大白话写成。老金认为制度关键在于执行，而不在于写得有多漂亮。

上述案例中，老金深知那些离开土地的农民们心中渴望的公正和公平，因此同样是在计件工资制度下，他的工人比其他厂家的工人干活更玩命。更值得一提的是，老金能更好地克服人性的贪婪：当有可能把口袋里辛辛苦苦赚来的最后一分钱赔光时，他还敢把公平放在第一位，敢于从自己的口袋把钱掏出赔给工人，而大多数制衣厂的老板都做不到。老金通过制定各种制度实现了员工利益最大化，也使他的企业获得了经济效益和社会效益。

华为企业文化的核心是"艰苦奋斗"。艰苦奋斗是 20 世纪五六十年代的价值观，而在今天这样一个消费主义的时代，华为近 15 万名员工，以"80 后"为主，为什么能形成艰苦奋斗的文化？他们怎么会信奉艰苦奋斗的精神？这也要归功于制度设计。

华为的制度设计是"高效率、高压力、高工资"，从招聘、待遇、晋升到淘汰，所有的制度设计都围绕着"奋斗"这一主题展开，围绕着保证奋斗者的利益最大化而展开，有责任心和有才能的人会不断进入公司的中坚层。在激励方面，华为采取的是"1＋1"的机制，即薪酬由工资、奖金和股票分红收入三部分构成。在华为高速发展期，内部股分红高达 70%。在这种机制下，员工工作的目的就不仅是为了拿到基本工资。奖金使员工有了主动提高自己绩效的动机，而股票红利使员工会主动关注企业的整体业绩。

员工的个人利益和企业的整体利益紧紧地联系在一起，员工和企业形成了利益和命运共同体。华为由此被打造成一个奋斗者的平台，奋斗由此也就变成了员工自觉、自发的行为，从而推动着公司的迅速发展。

上述两个案例告诉我们：企业组织制度的设计应该是基于企业文化中的共同价值和共同利益，并用共同的语言和词汇来表达，即大家都听得懂、看得明白的语言，而且最高领导人不能游离于这个制度之外。

二、绩效制度，要让员工为自己的利益着想

先来看一个实例。

有一个依山傍水的村庄，山上的树木很多，这些树木是村里的集体资产，很长一段时间以来，偷砍乱伐的现象无法制止，眼看树木损失过半。当时的情况是，遇到偷砍树木的人，村民上前制止，这些人就威胁道："这树不是你家的，少管闲事。不然对你不客气！"听了这话，一般的村民也就知难而退了。后来，村里的三个老党员终于坐不住了，他们认为，如果再不加以制止，村里的树很快就被砍光了。于是，三个老党员一合计，做出了一个决定，就是将山上的树，按全村人口平均分给各家各户！为了保密和保护自己，全村每家都在决定书上按了自己的手印。树木分到各家各户后，再听到或看到山上有砍树的声音，大家就会互相通报，被砍树的人家也会理直气壮地去阻止砍树的人："如果你再敢来砍我们家的树，我就要了你的小命！"听了这样的狠话，砍树的人也就灰溜溜地走了。全村的树木就这样被保护起来了。

以上案例中，当树木归集体所有时，产权边界就模糊不清，所

以，当集体财产遭受侵害时，大家便没有"舍身护林"的勇气。而当树木分到每家每户时，为了捍卫自己的财产，大家就变得勇敢起来，就敢于同坏人坏事做斗争了。案例说明绩效制度的核心目的，就是调动所有人的积极性和主动性。

绩效制度在企业中同样至关重要。企业绩效制度要落到实处，并真正调动员工的积极性，就必须和每一个人的具体利益直接挂钩。

有一家民营企业的员工非常有责任感和奉献精神，公司制度健全、员工执行力很强、工作积极性较高。在一次总结会上，公司董事长提出了一个尖锐问题："如果大家每月最多只有300元的工资，大家还会这样拼命工作吗？"大家几乎是异口同声回答："不可能！"会后有员工这样说："我们单位的工资水平几乎是全市企业中最高的，所以大家手里现在捧的是一个'金饭碗'。为了保住已经拿到手的'金饭碗'，在工作中大家自然会处处维护公司各项利益，遵守公司各项制度。"

关于利益驱动的制度建设，可以从两个方面着手，见表5-1。

表5-1 建设利益驱动制度的方法

正向激励	即以物质利益拉动的激励机制。具体方法是：让积极参与企业建设的人、为企业创造财富的人以及服从命令听指挥的人得到实惠。如果在原野上出现一只野兔，看到的人会不会去追？答案是一般会或肯定会。同样的一批人，如果在菜市场上看到关在笼中的兔子，大家会不会去抢？答案是一般不会或肯定不会。原因是，前者没有归属，谁抓到算谁的；而后者是有归属的，去抢有悖常理和法度。所以企业要敢于放出"野兔"，调动大家的积极性
负向激励	即制度惩戒。比如一家企业老板见到员工用一双脏兮兮的手包装食品，就觉得这个员工不负责任，没有主人翁精神，得适当惩罚。可是，这个老板却忘记惩罚自己，因为企业制度没有将产品卫生与员工责任心、员工收入和员工晋升挂上钩。怎么办呢？自然是在包装流程中加入卫生标准，并制定相应的惩罚措施。这样一来，为了不受惩罚，员工们自然就会"像对自己家的事情"一样关注食品的卫生问题了

企业组织是一个具有共同利益的集合体。很多绩效卓著的企业领导者都学会了把组织看成一个具有公共目标与利益的共同体，致力于通过制度管理实现利益最大化。在这样的组织里，员工会感觉到自己是这个组织的一部分，会感觉到很安全并受到关怀。因此，他们对任务充满激情并相信其他人对自己的依赖，他们一般都会对这个团体做出有益的贡献。这是一种员工与企业的"双赢"局面。

如何用制度管人

常言道，无规矩不成方圆。这里的规矩就是规章制度。学会用制度管人，应是当前企业管理者必须做到的。本书提出以下方式，可以给企业管理者提供有用的管理思路。

一、管理从"制造麻烦与不方便"中达成目标

管理，就是人或一个组织借助各种管理手段实现其某一预定目标的过程。然而，管理的控制属性决定了管理从制造"麻烦"与"不方便"开始。

比如，交通警察为了维护十字路口过往车辆和行人的正常通行和防止发生交通事故，因而对十字路口实行了交通管制，要求所有通过十字路口的车辆和行人必须服从交通指示信号灯：红灯停、绿灯行的指挥轮流有序地通过十字路口。这无疑增加了多数通行车辆和行人过路的等待时间，如果汽车和行人不小心违章通行还会惹来被处罚的后果，给过往车辆和行人制造了"麻烦"和"不方便"。

在这个案例中，正因为制造了这些所谓的"麻烦"和"不方便"，才保证了十字路口交通的畅通与安全。所以管理是通过制造"麻烦"与"不方便"而达到目标的！

"麻烦"与"不方便"这些词往往被人们习惯性地认为是不好的东西，也是不想要的东西。但只要我们用一分为二的观点理性地去解析身边发生的麻烦与不麻烦和方便与不方便这个问题产生的原因时，其实它只是一个简单的小道理服从大道理、个体服从群体、局部服从全局的问题。

企业的管理同样也不是万能的，需要在围绕目标达成的前提下做出必要的取舍与选择，不可能迁就某些人而让所有的人满意。因此，企业定的标准、建的制度、做的流程、立的规矩都不可避免地会让人感到不方便、不习惯、不舒服、麻烦。事实上，如果每个员工都嫌麻烦、图方便而各行其是，就会互相干扰，导致企业生产低效。因而不麻烦与不方便从个体的角度来讲是坏事，从群体的角度来讲就成了好事，所以约束对个体造成了不便，却给群体带来了高效。

二、管理从"运用经济奖罚手段"中实现作为

管理就是控制，控制就要约束，约束必守规矩，规矩不许随意，所以管理从克服做事行为的随意性开始，到实现做事行为的规范性而结束。

"管"是控制与权利，"理"是章法与责任，因而任何有效的管理行为都必须发挥"权"、"责"、"利"相结合所产生的约束力。但目前国内许多企业在管理施行过程中，却由于种种原因普遍存在

"重权"、"轻责"、"忽利"的状况。究其原因有以下三点：一是因权力至尊至上不受节制，且行权尺度又可深可浅易于操作，因而使国内企业普遍存在"权（人）治"管理的现象。是故，"治企重权"靠指挥推动管理的做法，已成为许多企业的通病。二是因目前我国尚处于经济转型时期，企业经营状况和经营业绩起伏波动较大，而难以量化经营管理目标和落实岗位考核指标。是故，大多数企业只是将"责任"停留在纸上或口号上，而没有真正落实到任务、职责、考核之中。三是企业内部权、责不明晰，必然导致工作业绩和经营绩效无法考量和做出评价。是故，企业主与经理人之间双方所约定的工作业绩考核和经营绩效分利方案，也就成了一纸无法兑现的空文。

正是由于国内企业普遍存在"重权"、"轻责"、"忽利"的管理现象，违背了"管理轻权"、"组织重责"、"个人趋利"的管理原则，从而弱化了管理过程中经济手段所发挥的刚性作用与杠杆功效，导致管理"用责管人"、"用利趋人"两项基本要素的缺失，最终导致管理"抑恶扬善"、"纠错扶正"功能难以奏效和发挥作用。

在商品社会中，"以人为本"是通过管理对人价值的尊重与信任来体现的。如果企业管理不能正确运用与充分发挥激励制度之经济手段所产生的奖罚与鞭策作用，就难以有所作为，这样的管理也不可能是有效与成功的管理。无疑，这也是造成当前国内企业人员流动大、劳动效率低、工作执行力差、管理方式落后、经济效益不佳的主要原因。

人，作为事物的缔造者而成为管理的主体。因此，管理的对象就是管人，但管人则要围绕明晰职责与要求、确定授权与义务、量化利益与考核这三项管理工作而展开，从而使企业经营管理做到"人、财、物"、"产、供、销"、"权、责、利"同行，最终实现企业"人财两旺"的目标。

三、管理从"承担成本与风险"中获得提高

企业在不同的发展阶段需要不同的经营管理模式，这已成为众多企业的共识。然而，对于企业在推行经营管理模式升级转变过程中所面临的增加管理成本与承担失败风险的问题，却有相当多的企业存在较大的争议。更有一些企业由于对推行经营管理模式升级转变过程中本该承担的管理成本与失败风险问题缺乏正确的认识，因而将企业在推行经营管理模式升级转变过程中所承担的管理成本与失败责任问题视为一道难以逾越的"鸿沟"，使企业经营管理模式升级转变工作陷入"想变又怕变"而裹足不前的两难境地，从而造成了企业管理滞后，阻碍了企业向前发展。

毋庸讳言，管理是有成本和风险的，这是任何人都不能否认的事实。但究其原因，其实管理会有成本和风险的道理很简单，因为它和人们要在世界上办成任何一件事情一样，一是需要花钱，二是要费时出力，三是要承担失败风险，并无不同之处。不过就此需要澄清的是，企业管理并不只是花钱和有失败风险，而是能够产生效益的。由于企业所施行的任何管理行为都是有效益指向的，都是为了帮助企业实现经营效益增值目标服务的，因而企业在付出管理成本和承担失败风险的同时，也在收获管理为企业带来的经济效益，这既是管理的控制与治理属性所决定的，也是企业施行管理的真正

意图与缘由所在。

比如，企业为了提高产品质量和经营效益（明确管理目标），按照一定的质量管理体系运行要求，设立了品管部和专职品管员，完善了品控措施与手段（选择管理方法），增加了品检器具与品质预防成本的投入（投入管理成本），从而减少了企业因"人、机、料、环、法、测"各环节出现不良问题，及其造成的产品返工、返修、换料、降等、报废和生产停工等现象所产生的品质失败成本（获得管理收益）。无疑，通过这个案例的推演，我们可以领会管理成本投入与管理效益产出之间所存在的因果关系。

从客观上讲，管理只是为人或组织所掌握与使用的一种知识、一门技术、一样工具、一些方法，本身并无对与错和存在失败风险可言。而产生管理失败风险的真正原因，主要还是由人或组织对管理方法的掌握与运用不当所造成的。然而，让人困惑的是，这个问题至今并不被所有的人和企业理解与认识，以致一些人和企业片面、错误地将企业经营管理模式升级转变过程中所碰到的困难与失败归罪于管理本身，而忽略了人和企业的因素，甚至还有人主观臆断地将企业经营管理模式升级转变当作"劳民伤财"之事。这无疑是管理的悲哀，更是企业的不幸！

四、管人比管事更难、更复杂

当企业发展到一定规模后，几乎所有老板都寄希望于通过请人来帮助自己打理企业，让自己能够从企业的事务当中抽身出来。其实，这件事本身无可非议，企业发展了，老板也确实需要请人来打理企业，而使自己能够从企业繁杂和琐碎的具体事务中解脱出来。

但问题是，一些老板认为企业请人后自己就此可以轻松了。实际上，企业老板们这样做并不会轻松，而是更累了。因为老板请人后，只不过是将自己的工作重点，由过去的主要管事转变为以后的主要管人罢了。然而，从管理的角度来讲，管人比管事更难、更复杂。管事看得见，摸得着，了解事情和解决问题比较简单和容易。管人就大不一样了，人嘴上讲一套，心里又想一套，了解事情和解决问题就复杂且困难多了。如果是老板一不小心选错了人，或一不注意用错了人，将会损害甚至葬送自己的企业与事业。

因此，老板请人管理企业后，在用人和管人的问题上，会面临比管事更多的困难和问题，不能有半点疏忽大意。所以管人与管事相比，老板心更累，人会更辛苦，一方面既要慧眼识英雄，要知人善任；另一方面既要放权，还要防变。不过人管好了，企业的事情也就办好了。

五、用制度管人，才能防患于未然

好的制度可以使好人更好，使坏人不敢变坏。因此，现代企业管理十分重视和强调制度管人的重要性，倡导"制度第一，老总第二"的管理理念，并在企业用人与对人的管理上，遵守如下原则，见表5－2。

表5－2　现代企业制度的用人原则

既要大胆放手用人，更要谨慎用心防人	企业在用人上，要避免"任人唯亲"，坚持"唯才是举"，不分亲疏，大胆放手用人。在对人的管理上，要跳出"疑人不用，用人不疑"的怪圈，更不能因为相信人的忠诚和可靠，而放弃或降低企业对人和权力的监督和制约。否则，企业就无法避免有损于企业利益的问题发生

透视人性弱点，用制度预防问题	人是万物之灵，也是一个具有七情六欲和夹杂善恶行为的混合复杂体。因此，企业管理应该透视并根据人性弱点去思考管理对策和设计预防措施。在用人上，要实行用制度管人和用制度预防问题，并遵照下列管理准则：研究与设想问题，轻事重防人；处理与纠正问题，对事不对人；解决与防范问题，相信制度不相信人
实施制度化建设，减轻对"能人"的依附	企业要不断完善与规范内部的工作流程、作业文件和人的工作（生产）行为，变"人治"（经验）管理为"法治"（科学）管理。以消除和摆脱企业因工作和管理上存在的不规范而形成对"能人"的过分依附，从而使企业发展保持稳定状态

　　总之，用制度规则去管理，势在必行、迫在眉睫。虽然管理是有成本和风险的，也是有付出和代价的，但我们不能"因噎废食"而放弃管理。以管理求生存，用管理促发展，向管理要效益，这是企业工作的重点和永恒不变的主题。

第六章 有效授权：无为管理 讲究授权艺术

管理学中有一个词叫作授权，如何把握授权的尺度是一门管理艺术。授权到什么程度很重要，授权的节奏也很关键。授权就像风筝，风筝飞得过高，就要把手中线紧一紧；风筝飞得太低，就要把线松一松，并要根据风的大小和方向，首先使风筝飞起来，然后循序渐进地使它飞得更高、更远。放风筝看似很简单，但是放好并放到一种境界是很难的。同样，授权是一门艺术，如果管理者完全掌握了放风筝的哲学理念，并把它应用在实践中，那么他就掌握了无为管理的授权艺术，就是管理大师。

为而不为，授权是一种领导艺术

有一位政府领导干部曾在谈到理顺政府与市场关系时，意味深长地说："管好该管的事，敢于'为而不为'，这也是一种领导艺术。"这一席话，值得企业领导者的思考。古今中外的企业管理经验告诉我们，领导者"事必躬亲"是不可取的，身为一个企业领导者，不仅要有"为"的雄心壮志，还必须讲求"不为"的科学方法。

企业领导不能也不需要事必躬亲。领导主要是做重大决策的，而不能把时间和精力浪费在小事情上。面对很多有才华的下属，为什么不授予他们权力，把事情交给他们来办理呢？这就是授权。在授权方面，要有"为而不为"的思维和理念。

一、"为"得太多，导致"上下相侵"

现实中，企业"上下相侵"的现象不仅时有发生，而且在一些部门还相当普遍。比如，有的企业领导不讲层次、大包大揽，动不动就当"保姆"，大事小情都包办，往往费力不讨好；有的事无巨细、亲力亲为，从两眼一睁忙到熄灯，捡芝麻丢西瓜，忙来忙去没忙在点上。凡此种种，不一而足。从一定意义上说，有些领导者工作质量不高，推进效果不好，并非"为"得太少，而是"为"得太多，管得太宽、太细、太具体。出现这种问题的原因是多方面的，有的存在权力依恋，有的怀着"武大郎开店"心态，还有的对下属缺乏信任，一些领导干部对别人的能力不放心，担心把事情办砸了，影响工作进展和事业发展。

不管是出于公心还是囿于私虑，都应看到，领导者的重要职责是为大家创造条件、改善环境、搭建平台，让人们发挥才智、建功立业，一起把事情做好、把事业做旺。越俎代庖、指手画脚，不但会造成工作交叉、层次重叠、效率低下，久而久之，还会弱化下级功能，使他们想干不能干，有劲无处使，甚至"勤婆婆"带出"懒媳妇"，影响团队的建设和发展。如何破解这一困境？需要大胆把下属推向工作一线，"放手"让他们挑大梁，"放权"让他们唱"主角"，以自己的"不为"成就和促进别人的"有为"。

放手放权的前提是信任。信任是一种无形的力量。战争年代，当某一级指挥员牺牲时，上级马上指定代理人，有时甚至指定一士兵代理排长、连长或更高级的军官，这些受命于危难之中的战士，往往能出色地完成任务，创造骄人战绩，原因何在？信任的力量使他们奋不顾身，虽赴汤蹈火，也在所不辞。现在，信任依然是上级对下级的最好奖赏，依然是领导者用人成事的核心密码。因此，领导者一定要相信下属的才智，拿捏好"宏观调控"与"微观操作"的关系，尽好该尽的职，用好该用的权，放手让他们干事担责、发光发热，尽快在本职岗位上有所作为。同时，也使自己从繁冗事务中解脱出来，利用更多时间和精力思考和解决重大问题、难点问题。

二、如何做好授权

授权不是简单的放权，它需要高超的艺术。要想做好授权，必须做到以下五点，见表6-1。

表6-1 授权的技巧

慎重选择授权对象	领导者必须把权力授予那些自己熟悉的下属，对于不熟悉或者权力欲望特别强的下属，则要相当谨慎，没有特殊情况，不要轻易授权给他们，否则只会引起组织的混乱，降低组织的执行力。一般情况下，领导者对以下四种人可以授权：善于开拓创新者；善于团结协作者；善于独立处理问题的人；偶尔犯过错误但知错就改的人。对偶尔犯过错误的人授权具有极大的激励和教育作用，能体现领导对他的信任，从而使他感恩戴德，成为领导者忠诚的支持者。一旦选定了授权对象，就要给予充分的信任。对那些未能很好地运用自己权力的下属，则应收回或缩减他们的权力
营造自由的空间	如果领导确定要授权给下属，就必须给予下属充分的权力。授权以后，相信下属，不干预下属的具体做法，这样下属才能大显身手，不会因空间狭窄而束手束脚，才能在自己的权限范围之内，自由施展自己的才华。如果授权之后，领导还经常指手画脚，甚至横加干涉，这样就失去授权的意义，下属也会无所适从，失去努力工作的动力，导致工作效率低下
发挥下属的专长	为了充分发挥下属的专长，领导不妨把自己的权力适当授予下属。领导对下属的才能和品德有了较为详尽的了解以后，才能根据每个人的才能和特长授予相应的权力，保证权才相符。向下属授权范围过大，就会出现权力失控，管理混乱的局面；授权过重则超过对方能力与承受限度，让下属失去信心，甚至产生厌倦情绪；过轻则失去授权的意义，不利于调动下属的积极性。一般来说，工作难度应比承担工作者平时表现出的个人能力大些，使其产生压力感，完成工作才有成就感
责权统一	领导授予下属的权力必须与职责相匹配，使下属有足够的权力来完成分派的职责。领导者应向被授权者明确所授权力的大小和责任。让他们知道自己拥有什么样的权力和责任，使其在规定的范围内有最大限度的自主权，避免出现有责无权和有权无责的权责失衡现象
做好授权后的监控	领导者在授权之前要进行适当的风险评估，授权以后要做好指导和控制，以防止权力失控，给公司带来损失。授权以后，领导可以通过下属员工的业绩、进度报告或与下属员工研究计划的方式进行监督指导。交付任务以后，还要定期和员工开会，来观察进度及提供必要的协助。观察进度是为了避免执行过程中走弯路，避免那种到期前两天才发现进度落后的窘境，同时还可以为员工提供需要的协助。有些员工不太敢提出疑问，所以开会讨论该项授权任务，可以让员工有机会提出问题。至于会议的次数，则依照不同的任务而有所不同，不用的员工所需要的次数也不一样。新授权的员工与经验丰富、值得信赖的员工相比，所需的会议次数就会比较多

能够做到以上五点，领导者基本可以做到既有利于自己集中精力办大事，又有利于增强下属的责任感，充分发挥他们的积极性和创造性。一个企业领导者如果不愿意授权或者不善于授权，他领导的组织一定是一个缺乏执行力的组织。要充分利用授权这个管理工具，打造高执行力的团队。

总之，"为而不为"是一种管理境界，也是一种管理自信。疑人不用，用人不疑，少干扰多协调，少指责多服务，营造包容信任的氛围，才能让人敞开思路谋事，放开手脚干事。当然，放权不等于放任，放手不等于撒手，任务下放、职责分解之后，领导者不能当"甩手掌柜"，还要做好统筹协调，及时纠偏引导，积聚心往一处想、劲往一处使的正能量。只有调动所有人的积极性和创造性，像动车组一样集体发力，方能活力奔涌、奋发有为。

淡化领导人色彩是职业化的必然

任何一个企业领导者的个人色彩对企业都会有影响。而创业这一代的领导者，其个人色彩对企业的影响会更深远。但随着时代的进步，"无为而治"越来越深入人心，让领导者、创业者的这种个人色彩慢慢淡化，已经成为实现职业化管理的必然之路。无数事实证明，只有管理职业化、流程化才能真正提高一个大公司的运作效率，降低管理内耗。

一、通过"无为而治"的文化渗透淡化个人色彩

无为而治在很大程度上靠的是文化的渗透，当大家在企业需要

的统一的文化准则下做事时，企业的运作将十分流畅，领导者的个人色彩将慢慢淡出。在这方面，华为集团总裁任正非就是个典范。

任正非早在2000年就明确提出，华为从一个"英雄"创造历史的小公司正逐渐演变为一个职业化管理的具有一定规模的公司。2000年，任正非论述了"无为而治"的基本理念，他写了一篇《无为而治》的短文，该短文是针对华为所有高级副总裁以上干部以公司治理为题作为考试前的讲话。任正非说："作为高层管理者，我们怎样治理这个公司，我认为这很重要。以前我也多次讲过，只是这篇文章给我们画龙点睛，更深刻地说明了这个问题。"在讲话中，任正非提出了三个观点：第一，作为一个职业管理者，要完成组织目标，必须具备好的素养和行为，这是无为而治的动机；第二，作为一个高层管理者，必须淡化英雄色彩，淡化领导人色彩，这是无为而治的必须；第三，作为一个职业管理者，要淡化名利，要平平静静，要有奉献精神，这是无为而治的基础。

华为作为一家快速成长的高科技企业，必然面对国内同行的激烈竞争和国际对手的围追堵截，那么，逐步使公司从人治走向"法"治，从混沌走向秩序，从必然王国走向自由王国，实现企业经营管理各个系统与国际接轨，在这个过程中，依靠的不只是几个"英雄"的力量，更是整个管理团队持之以恒的优化。淡化英雄色彩，特别是淡化领导人的色彩，这正是任正非所追求的无为而治的最高境界！

二、通过完善运行机制淡化个人色彩

作为公司的灵魂人物、精神领袖，如何打造一套完善的运行机制，淡化个人色彩，如何交接、平缓过渡，是领导者面临的一大挑战。

科技企业在新老交接、危机并存之际，如果在接班人问题上处理不当，可能导致未来发展出现变数。在这方面，互联网企业阿里巴巴集团董事局主席马云首先迈出了一步。马云于 2015 年 5 月 10 日辞去阿里巴巴 CEO 一职，未来全力做好董事局主席一职。

马云之于阿里巴巴，是永远的精神领袖。"马云无疑是一个优秀的创始人，他缔造了独特的企业文化，对于激励公司从无到有起到了很大作用。但是，百年老店与严重的个人崇拜、精神领袖色彩是矛盾的。"淘宝商城创始总经理、当当网前 COO 黄若说。他认为，全世界的百年企业靠的不是对个人的崇拜，而是一套非常完善的机制运行。"可口可乐、宝洁、通用公司是百年企业，我们可能不知道他的创始人是谁。"黄若认为，这可能是阿里巴巴往下走要解决的问题。建筑百年企业，要靠一套高效完善的人才机制。

由于企业基因和领导人风格不同，交接的方式很难复制。在中国科技企业中，联想交接是较为成功的代表。2000 年，老联想一分为二，杨元庆分得联想的名号，代理业务和系统集成归于郭为旗下。柳传志交班的原则是"扶上马，送一程"，在联想的国际化进程不顺利之际，曾上演复出救火的一幕。2009 年 2 月，柳传志重新担任董事局主席，杨元庆则回到了他擅长的 CEO 位置。直到 2011 年 11 月 2 日，柳传志再次隐退。联想创始人柳传志曾对媒体说："我的个人色彩对联想来说过于浓重，我希望大家多关注联想而少关注我。"柳传志认为，个人色彩太重会给企业发展带来困难，改变这些需要最高管理层的共同努力。

有关人士认为，科技企业交班通常需要三个条件：一是科学的治理结构，尤其是股权结构；二是完善的内部管理；三是接班人培养计划的实施，并有合适的接班人。阿里、联想、华为等科技公司更倾向于内部培养接班人。从内部培养接班人更有利于企业的稳定发展。但有一种情况，企业更喜欢用"空降兵"，比如企业面临重大变革或转型。

总之，只有淡化企业领导者的个人色彩，才能实现职业化，才能从必然王国到自由王国。老子所说的"无为而无不为"，就是管理者的最高境界。

信任下属，就要给他们权力

信任建立在充分了解的基础上，而授权建立在信任的基础上，领导要对下属充分授权就要先对下属充分了解。

一、权力和责任的统一

授权中，最重要的就是权力和责任的统一，即在向员工授权时，既定义好相关工作的权限范围，给予员工足够的信息和支持，也定义好它的责任范围，让被授权的员工能够在拥有权限的同时，可以独立负责和彼此负责，这样才不会出现管理上的混乱。也就是说，被授权的员工既有义务主动地、有创造性地处理好自己的工作，并为自己的工作结果负责，也有义务在看到其他团队或个人存在问题时主动指出，帮助对方改进工作。

对下属充分授权，让下属感觉到上司对自己的信任，就会最大限度地调动下属的积极性，让下属无限的潜能得以发挥。授权让下属去做，你会发现下属远比你想象的还要尽心、卖力和能干。企业的发展需要每一个人，包括一线工人和管理层的知识、思想及创造力。优秀的企业将每一个人都转变成企业的领导者，使他们以主人翁的态度为企业不断创造价值。

一个充分授权的环境，会使所有员工全身心地投入工作，为企业的发展而共同努力。领导的重点是激励与授权。减少控制，增加激励与授权，即"少管理多领导"，这符合21世纪简约管理的大道与趋势。通过有效授权与激励，优秀的领导者得以用简约的、低成本的方法让员工自动自发、创造性地工作。

中国有句话叫作用人不疑，疑人不用。信任下属，充分授权可以增强团队的凝聚力，提高整体效率。"把自己的背后交给队友"，只有相互信任的团队才能让每个人无后顾之忧地发挥其最大能力。世界五百强的公司中绝大多数都把团队信任与合作确定为自己的核心价值观。正所谓"同心，山成玉，协力，土成金"。在相互信任的团队中，领导者的命令可以被准确、高效地执行，下属可以凭借自己的才华不受限制地完成任务，高效的贯彻力结合高效的执行力，带来的将是高效的团队合作。

二、授权艺术的奥妙

授权艺术的奥妙在于：做什么？让谁做？怎样做得更好？"做什么"意味着领导需要将工作的内容、可能出现的问题和工作要求等信息传达给下属。"让谁做"就是授权应该找有智慧和判断力的，最关键的是具有放眼未来又能着眼现实的人。也要挑选忠诚、正直、精力充沛、不达目的誓不罢休的人。"怎样做得更好"就是保证下属手上有做好这项工作必需的资源，权责分明。

只有享受领导信任的下属，才会提出最佳建议，开发出新技术并努力寻求技术应用的最理想方式。以领导人自己都想不到的方式，出色地完成工作任务。

让下属成为英雄，你就是英雄中的英雄

《道德经》第二章说："生而弗有，为而弗恃，功成而弗居。"意思是说，生养万物而不占有，培育万物而不倚仗，功业成就而不居功。这就要求管理者借力而行，放手让员工自己去干，为下属搭建"舞台"，给员工充分实现个人价值的发展空间。让下属成为英雄是你的荣耀，让下属成为英雄，你就是英雄中的英雄。

一、注重人事安排，营造合适氛围

西汉刘向的《说苑·尊贤》中有这样的一段话，大意是：鸿雁之所以能够飞得那么高、那么远，是因为它依靠了长在翅膀上的羽毛，至于长在背上的短毛、生长在腹下的细绒毛，没有长短大小的定数，拔去一把，不见得就飞得更低些；增加一把，也不见得就飞得更高些。我不知道你门下左右的上千食客中，有像鸟翅膀上的羽毛那样有用的人才没有，也许都是些背上和腹下的细绒毛吧！由此可知选拔人才要独具慧眼，择精兵强将为己所用！

现代企业作为社会经济生活中最具活力的领域和组织，往往被员工视为展示自我、实现自身价值的最佳平台。企业管理者要在人事安排上多费心思，力求做到尽善尽美；要充分考虑员工个人的兴趣和追求，帮助他们实现职业梦想。此外，管理者还必须营造出某种合适的氛围，让所有员工了解到，他们可以从同事身上学到很多东西，与强者在一起只会让自己更强，以此来帮助他们充满激情地投入工作；而不是停在那里，对他们的际遇自怨自艾。

二、发现下属，善加利用

著名科学家爱因斯坦说过："通常，与应有的成就相比，我们只能算是'半醒者'，大家往往只用了自己原有智慧的一小部分。"因此，对于领导者来说，最好的管理之道就是鼓励和激励下属，让他们了解自己所拥有的宝藏，善加利用，发挥它最大的神奇功效。其实，从某种意义上来说，下属的成功就是领导者的成功，帮助下属成功也是领导者赢得下属追随的最好办法。

张峰是一家著名房地产公司的总经理，也是一位精于授权的领导者。他很少介入具体的管理工作，公司的经营管理、具体业务方面的事情他出面的时候很少，甚至厂商都不认识他，他也很少和厂商打交道。张峰倾向于把人员组织起来，把责、权、利充分地分配下去，考核结果。只有发现结果不大对劲的时候，才去看一看这人有没有选对。他很不喜欢介入到具体事情的过程中去。

张峰有七个知根知底、合作多年、十分能干的副总，所以，他就可以"啥具体事也不用管"，"我不可能帮他们做他们分管业务的事，我的思路可能和他们不一样。我做浅了，他们不满意；我做深了，又可能会对他们的风格产生影响，这样更麻烦。"

张峰经常出差，去各专卖店转转，"不是具体指导他们做什么，就是和经理们聊聊，也不解决什么问题，别人一提什么问题，我就说好吧，你这事儿跟副总经理李为说说。我要做的主要是人际方面的沟通，以及看看不同城市市场的变化情况。"真正需要张峰做的事，通常是晚上和人吃饭、谈贷款、谈合作、沟通联络，等等。白天，张峰没有具体明确的事要做，就可以自由安排自己想做的事，给专卖店经理打打电话，上网逛逛，或者看看报，张峰有时一看报纸就看半天。

张峰总能如此潇洒清闲？他说："有些事情急的时候也很急，贷款没有如期下来，那也是焦头烂额的，但这个急不是企业具体事务的急。我所做的都是单件事情，而且是由我来出面相对比较好的；他们出面比较好时，我肯定不管。出了问题，肯定是他们的事，我一管，他们的责任心反而下降了。"

当然，没有副总们的精明能干，就不会有张峰这般的超脱。但企业发展到一定规模的时候，确实需要领导者从具体烦琐的事务性劳动中解脱出来，去考虑更为宏观的事情。

张峰对自己的优缺点认识得非常清楚，他是比较少见的承认自己有能力缺陷的企业家。他认为自己并不是一个最好的领导者，所以愿意寻找能力互补的人建立职业管理团队。虽然业内提起公司对张峰知之甚少，对其下属的名字更熟一些，但这正是张峰要求的效果，他善于找到每项业务的最佳管理者并使该项业务达到极致。

张峰善于授权的事例告诉我们，他的成功诀窍就是"让别人成为英雄"。如果要用一句话去形容何谓增强别人力量的哲学，这句话最恰当不过了。

领导者必须有这样一种胸怀：为别人的成就打上聚光灯，而不是为自己的成就打灯。他们应让别人成为组织里人人皆知的英雄。正如一位成功企业家所说的："如果最高领导者从来都不让他的员工分享权力，分享成功荣誉，而是把功劳全往自己身上堆，那谁还会跟着他干呢？除非是傻瓜。"

业绩的前提是授权，授权的前提是信任

《道德经》第十七章说："悠兮，其贵言。功成事遂，百姓皆为'我自然'。"老子的意思是说，最好的统治者是多么悠闲，他很少发号施令，事情办成功了，老百姓说我们本来就是这样自自然然的。也就是说，完成功业的过程没有受他人强制的感觉，是人们的本性使然。人有趋利避害的本性；有被习惯左右行为的本性；有依靠共通的文化习俗求生存的本性；有创新，适时改变自己的习惯和习俗以适应外界环境的本性。顺着这些本性去完成功业，人们会觉得原本就如此，很顺当，不会有牵强和被强迫的感觉和不满，完成功业也就自然而然。业绩的前提是授权，授权的前提是信任。

一、"用人不疑，疑人不用"之道

聪明的管理者最擅长充分授权——既然将权力下放给了员工，就要对员工充分信任，让员工在其职权范围之内，拥有足够的自主权，这样才能充分发挥其主观能动性。实现授权的一个重要平衡点

就是相互信任。这里所指的信任，就是中国传统中的"用人不疑，疑人不用"之道。

不可否认，有效的授权必须以领导者与员工之间的相互信任为基础，你一旦已经决定把某项职权授给某个员工，就应该充分信任他，不得处处干预其决定；而员工在接受职权之后，也必须尽可能做好分内的工作，不必再事事向上级请示。相反，若是你不信任被授权者，在工作中不断地去询问其进度、方法、措施，如果下属没有给出满意的答案，就在未通知下属的情况下，独自去将事情处理完毕，你的授权还有什么意义？这样做，必然会造成自己与下属间的隔阂和矛盾，久而久之，就会在部门内养成一种不良风气，以后不管遇到什么任务，都不会有下属主动参与了。这种企业领导会累死自己，部门绩效也一定不会彰显。

当一位领导懂得充分信任自己的下属时，下属们做起工作来就能最大限度地发挥自己的潜力。权力的下放可以使员工相信，他们正处在企业的中心而不是外围，他们会觉得自己在为企业的成功做出贡献，积极性会空前高涨。得到授权的员工知道，他们所做的一切都是有意义、有价值的。这样会激发员工的潜能，使他们表现出决断力，勇于承担责任并在一种积极向上的氛围中工作。在这样愉悦、上进的氛围中，员工不需要通过层层的审批就可以采取行动，参与的主动性就增强了，企业的目标也会更快得以实现。

我国许多著名的企业家，他们都主张授权要坚持信任原则。例如，香港光大实业公司，总经理下设许多"项目经理"，他们让这些人放手去干，在职权范围内自主处理问题。有一次，中国远洋公司为加收一笔3万美元的运输费，打电话找到北京光大公司的一位

"项目经理",这位年轻经理当即拍板同意,远洋公司的人听了大吃一惊,一再问是不是要请示一下你们的总经理。得到的回答是:"在我职权范围内的生意,我说了算!"结果,这件事很快办成了。假如这个公司在授权中不坚持信任原则,被授权者不敢这么干,恐怕这件事就很难办成了。或者即使办成了,效率也不会这么高。

二、信任、授权下的"士为知己者死"

不管从事什么行业,想要成功,管理者都必须创造一种使员工能有效工作的环境。作为一名管理者,要正确地利用员工的力量,充分相信自己的员工,给予他们充分的创造性条件,让员工感觉到领导对他的信任。"士为知己者死",一个员工一旦被委以重任,必定会产生责任感,为了让领导相信自己的才干和能力去努力达到目标。

比尔·盖茨非常愿意给予员工充分的空间,发挥他们的最大作用和潜能。他说:"我采取的领导方式就是:放任,不用任何规章去束缚员工,让他们在无拘无束的信任氛围中,发挥每个人的创意和潜能。"他喜欢把复杂的事情简单化,因为他相信自己的员工都很聪明,他很信任员工,让员工自行做决策,如果有员工不守法,他会单独针对这个员工处理,而不是对所有员工都一视同仁。

比尔·盖茨的做法与微软特殊的历史、文化有很大关系。早期的微软主要由软件开发人员组成,强调独立性和思想性,因此,微软的特点是"赋予每个人最大的发展机会"。微软在人才引进时标准很高,因此微软员工素质都非常高,员工在自主状态下彼此激发,使得整个团体的表现都极其出色。微软的员工有权对他们进行的工作做任何决定，因此他们的决策和行动非常迅速，工作非常有效率。信任员工，让员工放手去做，这也是微软始终保持成功的原因之一。

由此可见，信任你的员工，企业的业绩才会蒸蒸日上！这也是管理者的一种智慧，即敢于信任你的部属，真正做到"疑人不用，用人不疑"。如果想让下属拼尽全力地去完成你交代的任务，那么就请把你的猜疑之心收起来。

第七章　危机处理：无为管理
注重防患于未然

在市场经济的浪潮中，任何一个企业随时随地都有可能出现危机，所谓"突然"发生，那是因为企业对危机缺乏必要的认识。企业不论规模大小，业务经营规模或行业类别为何，每天都面临各种不同危机发生的可能，一旦发生危机，倘若无法妥善处理，不仅会给企业带来财务损失，进一步影响社会大众及消费者的权益与生命财产安全，连带的将破坏企业的形象，甚至撼动企业经营的基础。跑不过危机者，必受灭顶之灾！因此，树立居安思危的危机意识，善于扭转危机为契机，做好社交媒体时代的危机公关管理，防患于未然，是现代企业危机处理中应该加以重视的问题。

做企业要居安思危，华为是如何做的

《道德经》第一章中说："无名，天地之始也；有名，万物之母也。故恒无欲也，以观其妙；恒有常欲也，以观其所徼。"意思是说，宇宙万物最初没有名字，不做分别。有了名字，才分出万物。所以世上区分万物，用以观察相互的内部关系；整体待之，用以研究总的运行规律。在这里，道的两个相辅相成、互为根本的面被老子指称为"无"和"有"。所以从实质上说这两者是道的两个面，是道的创生、引导、推动等作用的根据，从"可名"上说这两者可分别被称为"无"、"有"。

老子的"有无观"对现代企业具有借鉴意义。具体来说，做企业要居安思危，要从有观无，要想到可能从最初及发展时期的存在到转型重构时期的倒闭消失。这是企业进行危机处理、防患于未然的基本指导思想。

一、居安思危是企业危机公关的主旨和精髓

居安思危中的"居"就是处于，"思"就是想。居安思危是警示人们虽然处在平安的环境里，也要想到有出现危机的可能，应随时有应付意外事件的思想准备。这种在顺境中树立忧患意识的理念，对于驾驭企业发展尤为重要。这种理念与马克思主义"唯物论"和"辩证法"十分吻合，应当是企业危机公关的主旨和精髓。

居安思危，令多少仁人志士创造出惊天动地的恢宏大业。在当

代，我国 IT 业巨擘、世界 500 强深圳华为集团总裁任正非曾寓意深长地说道："华为总会有冬天，准备好过冬的棉衣，比不准备好。"当知，他讲这番话时，华为的事业正如日中天，以 220 亿元的总资产和年收入 29 个亿的豪气雄冠中国企业十强。为此，他还专门写了一本书叫《华为的冬天》，用来警示华为人要居安思危，警钟长鸣。如今，华为集团已在健康发展中走过了光辉的历程。任正非关于"华为的冬天"的言论在企业界传为佳话。

和华为一样，许多有建树的企业家对"居安思危"有着深刻的认知与解读。驰名中外的海尔集团董事长张瑞敏在事业顺利推进时，仍自警自励地说："我永远是战战兢兢，如履薄冰。"联想集团柳传志在谈及企业发展时说："我们一直在设立一个机制，好让我们的经营者不打盹儿，因为你一打盹儿，对手的机会就来了。"世界企业巨头美国的比尔·盖茨就曾经说过："微软离破产永远只有十八个月。"戴尔电脑创始人迈克尔·戴尔曾直言："我有时候会半夜惊醒，一想起事情就害怕。但如果不这样的话，那么你很快就会被别人击垮。"

无数的事例证明，唯有居安思危，才有可能促使企业健康发展，长盛不衰。

二、树立危机感和使命感

善于居安思危，就要树立起危机感和使命感，这是保持企业持续发展的不竭动力。如果仅安于现状，不思进取，总有一天竞争对手会走在你的前面。

有些企业家，宁愿把责任归咎于竞争对手的技术复制、抄袭之类，也不愿从自身去思考与反省。他们可曾想过，在你沾沾自喜时，竞争对手已对你的企业进行情报收集、研究分析，并发展壮大起来。有的企业也许目前发展顺风顺水，但企业不能因此忘乎所以、止步不前。所谓"骄兵必败"，正是这个道理。因此，企业在保持自身竞争力优势的同时，更要关注市场各种因素的变化，时刻保持居安思危的心态。

要想做到居安思危，一方面要不断地审视自身所处的环境，关注收集竞争对手的发展情况，并适时进行竞争情报调研；另一方面要着眼于自身经营、管理、素质等内部情况以及外部环境关系的处理，从而不断完善和提升企业的整体素养，进而提高企业的研发创新能力。

做企业有其内在规律，经济成本也会有周期性波动，这都是正常的经济现象。关键是企业在"春天"时就要有"过冬"的思想准备，只有居安思危，才能防患于未然，才能以不变应万变，才能在瞬息万变的市场中立于不败之地。

善于扭转契机，危机都是"纸老虎"

危机为企业所带来的影响或许只是一个营运上的起伏，但也有可能发展成席卷整个市场，并影响产品销售与存续的挑战。倘若处置方式稍有不慎，甚至可能导致公司倒闭。危机管理俨然成为企业经理人除了平日正常运作外，不可忽视的重大课题。这就要求企业了解危机与契机的关系，并由此认清危机的"纸老虎"本质。

一、危机与契机的关系

先说一个例子：

随着美元信任危机的日积月累，越来越多国家寻求储备资产的多元化，改革全球金融架构的呼声高涨。经济分析人士认为，频繁上演的债务危机正在给人民币国际化步伐加速提供不可多得的契机。越来越多国家的央行已将人民币作为储备货币的一部分，人民币也正在通过贸易和投资等渠道不断增加国际存在感。美元信任危机带来的人民币国际化契机这个历史和逻辑，反映了危机与契机的关系，即危机催生契机。

危机是威胁决策者的核心价值或根本利益的，迫使决策者在信息不充分和事态发展高度不确定的情况下，迅速决策的不利情势的集合。所谓契机，是指由一定事态带来的某种转折变化的机缘，即"危险中得机会"。

危机具有双重性，它有破坏的一面，也有积极的一面。危机对组织来讲也有可能是一个契机，是组织命运"转机与恶化的分水岭"，从企业管理角度来看，危机也具有积极的功能效应，危机可以暴露出旧模式中的弊端，并渲染改革的迫切性，管理者可以通过解决危机使组织获得进步。

二、危机的"纸老虎"本质

先来看一个例子：

2011年8月初的一天上午，位于浙江沿海中部的临海市有不少市民都收到来自灵江水务集团的一条短信，短信内容为，因为牛头山水库水管爆裂，全城低压供水，预计 48 小时内恢复正常。在当时，临海市区大部分市民家中用水紧张，住在高层的居民影响更甚。临海水危机说到底是人的危机。在经济发达的临海，村民饮用水接管并网应该不是难事。真正的难事是工作不够到位，以致人心不齐。村民热衷免费水情有可原，但水质不稳定，安全风险高。不如借助这场水危机，将这些道理重新讲给百姓听，提高大家对城乡供水一体化的认识。另外，部分村民在用免费水时，存在不同程度的浪费现象。民生无小事。此次临海市用水困局，是一场危机，更是一个契机。当地政府致力于借机破除历史沉疴，消除壁垒，通过接管入网，让村民形成节约水的观念，想办法把饮用水问题彻底解决掉，同样是好事一件。

对企业来讲，危机本身也是一种契机，对改善企业组织结构，树立危机意识，完善危机管理机制可以起到重要促进作用。对于企业领导者来说，危机也是契机，领导者要善于抓住契机，有效处理危机，得到更高的权威，不失时机地推行自己的改革理念，使那些在常规情况下难以解决的问题彻底解决。

危机是制度变迁的非根本性因素，但在变迁进程中发挥着关键性作用。携带着巨大破坏性的经济危机，基于其紧迫性、不确定性、系统性等特点，能够降低制度变革的各项成本，并促使个体意识形态快速转变和社会意识形态有效整合，为新制度的确立、实施与巩固创造了常时不具备的条件。从这种意义上讲，危机正是制度变迁的契机，也可以说一切危机都是"纸老虎"。既然如此，我们要在战略上藐视它，战术上重视它！

总之，危机带给企业的并非全然都是负面影响，要看企业如何去应变与管理它。企业若能在平日积极训练员工的危机处理与应变能力，并主动管理各利益关系人与企业间的互动关系，即使危机来临，企业也能够化险为夷。

社交媒体时代的危机公关管理

《道德经》第五十七章说："我无为，而民自化；我好静，而民自正；我无事，而民自富；我无欲，而民自朴。"意思是说，统治者无为，人民就会自我化育；统治者好静，人民就自然上轨道；统治者不搅扰，人民就自然富足；统治者没有贪欲，人民就自然朴实。这是老子"无为"思想的集中体现。

"无为"这个玄妙的逻辑在2013年沸沸扬扬的"星巴克事件"中得到了完美印证：原本是一场来势汹汹的公关危机，而星巴克并未采取什么积极措施，却风平浪静了。

"星巴克事件"由坐拥千万粉丝的 CCTV 官方微博@央视新闻引爆。2013年10月20日这天恰逢周日，上午10时许，一条标题为《星巴克咖啡全球市场调查》的新闻发布，指责星巴克中杯拿铁在芝加哥卖19.98元、印度卖14.6元、伦敦卖24.45元，在中国售价却高达27元，并称"咖啡豆加牛奶加纸杯等一次性用品成本不足5元"。

很多人知晓"贵在中国"都是因为这条微博，但央视却并非第一家曝光媒体，在此之前，他有两个小伙伴已经指责过星巴克"很黑很暴力"：10月8日和10月14日第一财经日报分别刊发《星巴克中国"暴利"：亚太区利润率为欧洲 16 倍》和《售价为物料成本近 10 倍　星巴克成本说难自圆》两篇文章。随后《人民日报》接棒，在 10 月 14 日的微博中连发两帖，"中国星巴克不仅咖啡比美国卖得贵，连马克杯也贵了近一半"和"人民微评：中国市场不是待宰羔羊"，评转数以千计。

上述三家权威媒体连篇累牍地疯狂炮轰让人们一致认为：星巴克摊上事儿了。相关数据也证实，截至当天下午 5 点全网帖子都以星巴克要"倒霉"为主。但是过了这个"魔法时刻"，整个舆论开始发生 180 度大逆转，星巴克的声援帖如潮水般汹涌而至。

来自新浪官方的@微博搜索是较早挺身而出的蓝 V 之一："我觉得吧，只要星巴克不逼着我每晚七点喝一杯他们家咖啡，他爱卖多贵都行，嫌贵不喝就是了。"资深媒体人王志安也明确表态："很正常，说明星巴克在中国的营销很成功，这个案例和哈根达斯有些类似。话说中国的肉夹馍也打入老美市场了，卖得比国内贵多了，这就是本事。"不只蓝 V、黄 V 们力挺星巴克，才华横溢的网友们更是创作了大量段子。

众人拾柴火焰高。至此，舆论矛头直指央视，呈现绝对的"一边倒"趋势，"央视 VS 星巴克"荣登百度、新浪等大型网站最热新闻排行首位，微博、论坛、贴吧中"草根"民众的言论瞬间盖过各大媒体，形成了以他们为主导的新闻言论导向。

这时，处于台风中心的当事人星巴克，除了通过《京华时报》回应称"媒体误读财报"外，并未有其他动作。因为它实在不需要再做什么，该说的公众都已替它喊出来，他们摆事实、讲道理，证明星巴克无罪。我们看到，在这个社交网络时代，数量庞大的"草根"也可以用撰写、转发、评论等方式，聚沙成塔、积少成多，掀起"燎原之势"。

最具喜感的是，被点名批评的第二天，星巴克股价逆势上涨0.19%至79.46美元，创下历史新高。

一、企业危机公关新考验

在社会化媒体时代，受众无须再求助传统媒体，微博等社会化媒体已能让他们告知全天下：该企业犯错了。企业危机公关也面临着新考验，见表7-1。

表7-1　社会化媒体时代企业危机公关面临的考验

被第三方机构直接在社会化媒体上点名	如NGO组织公布的白皮书、调查报告等，直指敏感行业，如食品安全等行业的企业，其产品不达标，或不履行企业社会责任等。值得一提的是，现在很多记者都在关注诸如此类的第三方机构，寻找新闻线索。所以一旦被第三方机构@了，可谓是传统的、现代的炮弹齐齐轰炸
被网络意见领袖或红人盯上	被网络意见领袖或红人盯上，不屈不挠地和企业斗争到底，讨说法，引来无数围观者，或网络起哄者，或其他意见领袖的推波助澜。比如"罗永浩和西门子"事件
微博账号的魔力	在社会化媒体时代，特别是微博兴起后，特别值得公关人注意的一类，就是投诉一方就遭遇的事件单独开一个微博账号，主动请记者、网络意见领袖关注，在微博上随时随地、自发地公布事情的最新进展。即使这件事结束后，这个微博账号仍在网络世界留有"遗迹"，成为企业永远的伤疤。遇到这种情况，企业一定要快刀斩乱麻，给予迅速、有效的解决，绝不能置之不理

二、"第一时间"做出回应

"第一时间"做出回应，是社会化媒体时代企业危机公关的大原则。那么，社会化媒体时代，如何进行危机公关？

万变不离其宗，不管社会化媒体如何时兴，危机公关的几大原则是不会随着时间的变化而变化的。我们再次强调，社会化媒体时代的危机公关不能抛弃传统媒体时代的金科玉律，那就是，请在第一时间真诚地反馈，说声"对不起"。

企业是由人组成的，犯错是人之常情；此时，态度决定一切。真诚的态度为自己赢得理解、赢得处理危机的宝贵时间。我们总在强调危机事件发生后，企业一定要"第一时间"地反馈，但为什么危机到来时，很多企业仍做不到"第一时间"呢？其主要原因是很多企业没有危机事件预案和危机演练。

无论社会化媒体怎么演化，企业都要有危机事件预案，然后与时俱进，补充新的内容。所谓危机事件预案，包括以下几项内容，见表7-2。

表7-2　危机事件预案内容

预设企业可能遭遇的危机场景	专业的公关公司有很多这方面详细、富有经验的预案。简言之，就是要先预设该企业可能遭遇的危机场景。比如企业属食品领域，那么危机场景可能有：食品遭受自然污染、人为投毒等。还有每个企业都会遇到的：高层人士变动、企业个别员工的过激行为等。总之，危机场景要分门别类，预设全面且有条理性
设置危机处理小组	预设场景后，我们很容易看到，不同的场景牵涉不同的部门。危机事件不只是公共关系部门的责任，公共关系部门是扛枪上战场，冲前线的，但给枪里输子弹的还是各相关部门。所以，公司要组成"危机处理小组"，每个职能部门必须要有一人参与该小组，此人级别不能太低，在危机事件来临时，要能有效地向上级传达事件的最新发展动态，并结合各部门的开会情况，给上级专业性的处理意见
事先起草媒体声明	危机处理小组成立后，我们可以就之前预设的危机场景，事先起草各种媒体声明。因为"媒体声明"代表公司的立场，肯定需要公司各部门最高层同意，所以事先准备很有必要。如果事到临头再准备，谁能保证高层不在出差中，或有其他要事缠身

做好以上几点，就需要进行荷枪实弹的危机事件演练。为什么

要预演危机事件？就和为什么要进行消防演习是一个道理。到了大火真正熊熊燃烧、迅速蔓延时，你真的能胸有成竹地摸清大厦的每个安全出口在什么位置吗？就如同危机事件真的来临时，你真的能有条不紊地和各部门对接吗？

三、企业处理危机公关新战术

社会化媒体时代，企业的危机公关预案该更新内容了，以下一些新战术供参考，也欢迎大家积极补充，完善这份企业危机公关预案，见表7-3。

表7-3　企业危机公关预案制定方法

舆情搜索及监控	利用搜索引擎等先进的互联网工具，进行网络舆情收集及监控。通常情况下，企业会把这部分业务外包给第三方公司。这要求企业学会聆听，即时了解网上关于该企业的重要舆情信息，发现危机事件的苗头，及时将其扼杀在摇篮中
第一时间发布媒体声明	利用微博等社会化媒体，第一时间发布媒体声明。这一点大家已从"麦当劳3·15"事件中有了深刻的领会。提醒一点：在微博上发布媒体声明，不要关闭评论功能，不管随之而来的评论是正面的还是负面的；关闭评论功能就还是像传统媒体发布媒体声明的思维——单向输出
使用个性化的语言	在微博等社会化媒体上发布的媒体声明要视危机场景而定，不要千篇一律地严肃、八股。很多企业的危机声明是"八股式"的，比如前几句表立场，后几句表处理方式等；且语气很严肃、认真，甚至还有法律部门要求的"理直气壮"之意味。请想想，危机声明是在社会化媒体上发布，它需要更人性化。所以，请用个性化的语言在社会化媒体上发布危机声明。"个性化的语言"的本质是真诚
在微博上展示公司是如何处理危机的	社会化媒体时代，企业可以尽情地在微博上体现自己是如何处理此次危机事件的；如何采取有效的行动；如何和当事人达成和解，并得到当事人的重新信任。更重要的是，当企业在微博上展示这一切时，会为自己迎来更多的粉丝和美誉度

转"危"为"机"	试着把如何处理危机事件转化成一次卓有成效的网络活动，真正转"危"为"机"。比如就此次危机事件涉及的内容，请网友提金点子，企业送礼品等
不要忽略周末	传统媒体时代，遇到周末，报纸会缩版，电视台的民生节目会砍掉或缩短；但社会化媒体时代，大家拿起手机，等公车的同时就可以刷微博。所以，请不要掉以轻心，万一公司在周六、周日发生了危机事件，怎么办
请企业高层向公众致歉	除了文字版的危机声明，不妨尝试请公司 CEO 或够分量的高层拍段一两分钟的视频，及时在社会化媒体上发布，向公众真诚致歉，并表明公司的态度和立场。现在，在中国的企业（不管是国企、私企、外企）很少用这个方法，但不妨尝试。前提是：第一该事件影响非常大，比如像强生泰诺门事件；第二该高层的形象好且善于言表。当然，最重要的还是该高层重视社会化媒体、真正想让整个公司社会化

总之，在社会化媒体时代，每个人自成一个媒体，企业每天所面对的"危机"也更花样百出，但危机也蕴藏着"机"，因此我们也应该看到社会化媒体时代给企业危机公关带来的全新应对策略。

防患于未然，是最好的危机处理方式

危机从本质上讲，是指能够给组织的利益、形象、生存带来不利影响的事故。企业危机给企业带来的后果是严重的，影响是全面的，损害是惨重的，因此，危机是每个企业都不愿意看到的。那么，如何才能避免或减少企业危机的发生，防患于未然呢？

一、做好危机预防工作

危机管理的重点就在于预防危机。出色的危机预防管理不仅能够预测可能发生的危机情境，积极采取预控措施，而且能为可能发生的危机做好准备，拟好计划，从而自如应付危机。危机预防措施主要有以下几种，见表7-4。

表7-4　危机预防措施

树立强烈的危机意识	危机管理的理念就是居安思危、未雨绸缪。在企业经营形势不好的时候，人们容易看到企业存在的危机，但在企业如日中天的时候，居安思危则并非易事，然而危机往往会在不经意的时候到来。所以，企业进行危机管理首先应树立一种"危机"理念，营造一个"危机"氛围，使企业经营者和所有员工面对激烈的市场竞争，充满危机感，理解公司有危机、市场有危机。用危机理念来激发员工的忧患意识和奋斗精神，不断拼搏，不断改革和创新管理，不断追求更高的目标
引入危机管理框架结构	以前，人们总是在危机发生时建立一个应急管理小组来协调和控制危机及其产生的影响，但这种小组是临时组建的，不具备行使一些特定任务所必备的各种技能，同时挑选小组成员也要花费很多时间。因此，我们可以尝试建立危机管理组织结构框架，它主要由三部分组成，第一部分是信息系统，第二部分是决策系统，第三部分是运作系统。信息系统主要负责对外工作，由信息部、信息对外交流部和咨询管理部组成。信息部对外派出信息员来收集信息，并对所收集的信息进行整理和评估鉴定；信息对外交流部负责应付危机之外的人，咨询管理部主要负责危机的影响和危机管理造成大众及相关利益集团对企业组织的看法，并提出改善的建议，把一些重要信息及时向企业高层报告。决策系统由危机管理者统领，负责处理危机的全面工作，他必须有足够的权威进行决策，一般由经理或公司的经营决策层担任。运作系统由部门生产办和经营办组成，其中生产办负责联络公司内部受危机影响的部门与不受影响的部门，是正常经营地区与受危机影响地区的联系纽带，而经营办则负责将危机管理者的策略计划翻译成对应的反应策略和计划，并通过专业知识来实施这些计划。这种危机管理框架结构，不管应付何种类型、规模与性质的危机，都清楚地限定了每一个部门的工作和目标。将组织内部的信息沟通和提供给外部团体的信息分开，减少误解和对抗，降低对企业信誉所造成的影响
建立危机预警系统	危机预警系统就是运用一定的科学技术方法和手段，对公司生产经营过程中的变数进行分析及在可能发生危机的源头上设置警情指标，及时捕捉警情，随时对企业的管理状态进行监测，对危及自身生存、发展的问题进行事先预测和分析，以达到防止和控制危机爆发的目的。机预警系统主要包括以下几方面内容：一是危机监测。是指对可能引起危机的各种因素和危机的表象进行严密的监测，收集有关企业危机发生的信息，及时掌握企业危机变化的第一手材料。二是危机预测和预报。指对监测得到的信息进行鉴别、分类和分析，使其更有条理、更突出地反映出危机的变化，对未来可能发生的危机类型及其危害程度做出估计，并在必要时发出危机警报。危机管理与预测是相辅相成的，它们是企业进行危机预控和处理危机的基础与依据，其中最重要的是收集和整理信息，选择适宜的方法做出判断，以赢得危机处理的时间。三是危机预控。指企业应针对引发企业危机的可能性因素，采取应对措施并制定各种危机预案，以有效地避免危机的发生或尽量使危机的损失降低到最小

二、及时、有效地处理危机

危机预防管理只能使危机爆发次数或程度减到最低值，而无法阻止所有危机的到来，那么企业亲临危机时如何应对呢？见表7-5。

表7-5　企业应对危机的具体办法

启动应急计划	要以最快的速度启动应急处理计划，如果初期反应滞后，将会造成危机的蔓延和扩大。当然不能照本宣科，由于危机的产生具有突发性和紧迫性，任何防范措施也无法做到万无一失，因此应针对具体问题，随时修正和充实应急处理对策
把人员安全放在首位	要想取得长远利益，企业从危机爆发到危机化解应更多地关注人员安全而不仅是企业的短期利益，拿出实际行动表明公司解决危机的诚意，尽量为受到危机影响的人员弥补损失，这样有利于维护公司的形象
开辟高效的信息传播渠道	危机发生后，应尽快调查事情原因，弄清真相，尽可能地把完整情况告诉员工，避免员工产生各种无端猜疑。诚心诚意才是公司面对危机最好的策略。公司应掌握宣传报道的主动权，通过召开生产例会，使用互联网、电话等形式向小队告知危机发生的具体情况，公司目前和未来的应对措施等内容，信息应具体、准确
选择适当的应急处理策略	应急处理策略包括危机隔离策略、危机中止策略、危机排除策略、危机利用策略等。隔离策略，危机的发生往往具有连锁效应，一种危机爆发常常引发另一种危机，为此，企业在发生危机时，应设法把危机的负面影响隔离在最小范围内，避免殃及其他非相关生产经营部门。中止策略就是要根据危机发展趋势，主动承担危机造成的损失，如停止施工、紧急调换等。排除策略，需要公司根据既定的应急处理措施，迅速、有效地消除危机带来的负面影响，要善于利用正面材料，冲淡危机的负面影响，如通过互联网传达企业对危机后果的关切、采取的措施等。利用策略，这一策略是变"危机"为"生机"的重要一环，越危机越能昭示出一个公司的整体素质和综合实力，只要采取诚实、坦率、负责的态度，就有可能将危机化为生机。处理得当，就会收到"坏事变好事"的效果

总之，防患于未然，其最有效并持续不断的控制不是强制，而是触发个人内在的自发控制。懂得危机管理重要性的企业，也大多习惯在事实层面付出努力、采取行动、应对危机，这种做法在价值救赎层面要相对薄弱许多。所以，最佳的危机管理方式就是防患于未然，并在面对危机时能够及时、有效地予以处理。

第八章　精益管理：持续改善的终极目标是无为而治

精益化作为一种管理理念、技术和方法，追求的是从"管"到"理"的转变。"管"是靠人来负责监督，"理"则是靠规则来自动运行。如果说"无为而治"是管理的终极目标，那么精益管理恰恰就是通向这个目标最便捷的道路，通过精益化手段、工具、方法，不断持续改善，就会离"无为而治"越来越近。因为精益管理恰恰是在努力地建立并落实一套精细完备而符合规律的规则，用它来代替管理者的主观意志，从人治向法治转化。具体来说，精益化持续改善，要朝本章指明的五个方向努力。

为学日益，企业发展需要持续改善

《道德经》第四十八章中有"为学日益"一语，意思是说，求学的人，其情欲文饰一天比一天增加。老子承认求学问要天天积累知识，越积累，知识越丰富。企业发展同样需要"为学日益"的持续改善，这是企业通过精益管理，实现"无为而治"这一终极目标的必然选择。

一、企业的发展需要持续改善

随着科技的不断进步和市场全球化，每个企业都要面对变化频繁、竞争加剧的环境，持续改善已经成为企业谋求发展的永恒主题。很多企业制定了非常详细的规则制度，对细节的重视到了无以复加的地步，但结果却并不明显，过细的规则反而增大了执行的难度，浪费了大量资源。这是对精细化的曲解。所谓"精细化"，绝不仅仅强调"细"，更要"精"，即符合客观规律，切实有效，不是为细而细。企业管理确实有一些普遍规律，但具体到不同行业、不同企业，情况千差万别，自己的规则必须符合自己的实际需要。几十人的小公司和几万人的大公司不能用同样的规则，也没有任何一种工具方法是适合所有企业且立竿见影的。而持续改善的目的，就是帮助企业了解自身，制定出符合自己客观情况的规则。

事实上，完成一次变革，并不等于企业就完美无缺了，对于一般企业的正常发展而言，企业的管理和技术不可能始终处于突变状态，变革是一次性的，持续改善是永恒的。对于现场管理，我们更需要持续改进和自我完善。

企业发展过程中的持续改善，是以不断改进、不断完善的管理理念，通过全员参与各个领域的目标化、日常化、制度化的改进活动，运用常用的方法及低成本的"改善"手法，确保现场管理水平渐进地、螺旋式上升，促进企业持续进步和稳健发展。这种持续改善既有继承又有改革与发展，并且风险小（因为在改善的过程中，如果发觉有不妥当之处，管理人员随时都可回到原来的工作方法，而不需耗费大成本），阻力小。通过这种持续改善，企业在一系列实践活动中改变人们的思想观念和行为习惯，改变人们熟悉的工作方法与处理人际关系的方式，以一小步一小步坚实的改善步伐，带来戏剧性的重大成果，使现场管理生机勃勃，使组织机体健康运行，立于不败之地。

二、企业发展过程中持续改善活动的步骤

企业发展过程中的现场管理过程，往往是等到问题出现了才去被动地解决，并且也只把整改当成问题解决的结果。出了问题，马上召集人员开会讨论解决办法，一旦见到效果，就将这个问题抛之脑后，不再下力气狠抓，把时间、精力花在解决下个问题上，改善后的成果难以持续，导致整改不断，重复不断。改善不再持续，产品质量水准就会停滞不前，因此现场改善是一个持续循环、不断渐进的过程。

那么，改善活动的步骤是什么呢？通常来说要依次遵循这样的步骤：确定、测量和分析现状；建立改进目标；寻找可能的解决办

法；评价这些解决办法；实施这些解决办法；测量、验证和分析实施的结果；将更改纳入文件；对结果进行评审，以确定进一步改进的必要性。

总之，企业发展过程中持续改善的"持续"二字，意味着坚持，意味着不断地循环，一个改进过程的结束意味着另一个改进过程的开始。工作不停，改善亦不止。

精益管理的持续改善

精益管理由最初在生产管理系统的实践成功，已经逐步延伸到整个供应链体系及企业的各项管理业务当中，同时也由最初的具体业务管理方法，上升为战略管理理念。

一、精益管理思想内涵

精益管理要求企业的各项活动必须运用"精益思想"，其核心就是在创造价值的目标下不断地消除浪费。具体来讲，精益思想包含以下五个方面，见表 8 - 1。

表 8 - 1　精益思想的核心

由顾客定义的价值	从顾客角度而不是公司或职能部门的角度来确定所有活动（产品、服务、功能）的价值
识别价值流	为每组产品、服务或功能识别出价值流步骤，消灭不创造价值的浪费
连续流动	变批量与排队为连续流动。创造无中断、无绕道、无回流、无等待或废料的价值流

续表

顾客需求拉动	及时生产仅由顾客需求拉动的产品
消除各种浪费	不断消除各层次的浪费，持续改进，追求尽善尽美

　　精益管理能够带给企业巨大的效益，对于制造企业而言，在降低库存、缩短生产周期、提高质量、提振员工士气、增强企业竞争力等方面已经有无数的实践证明其巨大的成效。而很多企业的领导者知道精益管理及其实践理论，但往往一实施却没有预想的效果。因为他们只重视实施精益的工具，却忽略了精益管理的核心：持续改善。另外，许多企业虽然也强调他们一直在提倡持续改善，但收效甚微，仔细研究发现，成功实施精益管理的一些优秀日本或欧美公司所拥有的持续改善支撑体系，在这些企业并不存在，这就给了我们答案，为什么精益管理实施流产。

二、建立实施精益管理的支撑体系

　　要成功实施精益管理，必须建立以下支撑体系，见表8－2。

表8－2　实施精益管理的支撑体系

全员参与的改善提案制度	这里的改善提案不同于提案改善、合理化建议等，改善提案是先改善后提案，就是先去做，先去改善，然后再提案，这跟原来的提案制度是截然不同的。改善提案制度是全员参与持续改进的基础，从全员削减浪费开始
中基层的课题改善制度	每一位中层干部都需要引领一个课题，这个课题叫作大课题、焦点课题，多数涉及流程改善等较大方面的改善
全员发表会制度	不管是改善提案，还是改善大课题，都要以成果的发布作为评定成绩的方式。发表的方式不只是报告，更需要现场实地展示。将改善的成果展示在现场，并让参与发表的人员共享改善之旅

专家诊断，总经理、董事长的诊断制度	目前还有哪些问题？下一步需要往哪里走？这需要外部专家、总经理、董事长给出指引。同时，诊断的过程也是检验前段改善效果的过程
相关改善工具的全员培训	全员培训是基础。不掌握改善工具就无法去改善，即使去改善也无从下手，因此改善工具的训练是必修课。这里包含从新人到老员工，到推进者，从基层到领导各个层面的训练

以上五个方面，改善提案、大课题改善、发表发布、专家诊断与工具训练构成持续改进的循环，这便是精益管理的持续改善支撑体系，也是精益管理的制度保障。

而精益管理的成功实施，还有三个要点必须关注，见表8-3。

表8-3　实施精益管理必须关注的要点

领导作用	一家企业是否能够成功实施精益管理，领导的作用是关键，高层领导，经营班子应该做到"三最"，用最大的决心来推动精益管理，用最大的权力来支持精益管理，用最好的表率来宣传精益管理。这就要求高层领导每周进行一次现场巡回确认，关注推行进度；最高层领导每月参加一次精益管理的推行会议；将精益管理推行纳入公司的经营方针，制定精益管理推行的中长期目标与实施规划，并将推行结果纳入各部门的绩效考核。中基层管理者要亲力亲为，从我做起，主动学习，虚心接受，坚决执行，不满足现状，对下属员工要加强指导与监督，促其实施规范
快速行动	精益管理的实施不是停留在纸面上的文件，而是一个不断实践的改善过程，它需要有想法就去快速行动，快速实践，用事实来证明。不怕犯错误，但不允许不变革
改变心态	精益管理是打破旧传统、旧习惯、旧做法的过程，也就是打破"既得利益"的变革过程，那么人们习惯性地就会抵抗，所以只有保持空杯与坚决变革的心态才可以，就如三星社长李健熙所言"除了老婆孩子不能变，其他的都要变"

上面五个支撑与三个重点，是成功实施精益管理实践企业的成果，因此，我们决定要实施精益管理后，可以在精益管理实施的同

时开始完善上述的基础体系，也可以在实施前先做一些变革，建立一个良好的基础是成功实施的保证。因为精益管理并非几个改善工具，而是涉及研发、制造、销售和物流以及供应商和客户的整个管理系统。

员工培训的持续改善

杰克·韦尔奇当年在 GE 推行 6 西格玛管理，用了 15 年时间，使得这一管理思想深入到企业每个人的骨髓当中。企业在推行精益管理的过程中，切不可浮躁速成，需要对员工持续进行培训，不断改善其工作技能和方法，以达到思想和工作技能的高水平。

一、重视员工的持续培训

精益管理模式下的员工，每个人的工作性质也许不同，但都属于同一个系统的不同环节，为系统服务是目的，具体工作是手段。对员工进行精益管理规则的传授，绝不仅仅是让其明确自身的行为规范，而是让其明确自身在整个系统中的作用、自己的工作会为整个系统带来什么价值、自己的失误会给整个系统带来什么损失。这样才能不断加强员工的自我约束和合作意识，保证系统正常运行。

富有远见的企业都十分注重员工培训。但我们也不可否认，在知识经济时代，企业竞争力的强弱，越来越取决于员工素质的高低。在技术更新越来越快的现代社会，员工素质也越来越成为一个变数。而员工素质的提高，要求员工掌握新技术、树立新观念，增强职业竞争力，当然离不开在实际操作中提高，但更离不开职业技能和态度培训。因此，员工培训就成为企业人力资源开发的重要方式，培训目标就要定位于造就一批与企业战略目标相适应的优良员工队伍。

二、制订良好而长期的培训计划

为成功地激发出精益管理模式下的员工的创造性，并帮助员工准确地认识自己的潜力和后劲之所在，就需要企业制订良好而长期的培训计划。具体来说，这项工作要依次按照以下五个步骤来进行，见表8-4。

表8-4 制订员工长期培训计划的步骤

确立培训目标	通过对培训需求的调查分析，将培训的一般需求转变为企业培训的总体目标，如通过培训来达到的各项生产经营目标和提高企业的管理水平。通过对上年度培训计划的总结及分析培训的特殊需要，可以确立需要通过培训而改善现状的特别目标，成为本年度培训的重点项目
研究企业发展动态	企业培训部会同有关的主要管理人员研究企业的生产营销计划，以确定如何通过培训来完成企业的年度生产经营指标。一项生产经营目标的达成往往取决于一个或几个员工是否正确地完成任务；而要正确地完成任务，又取决于员工是否具备完成任务所需的知识、技能和态度。通过检查每一项业务目标，确定要在哪些方面进行培训。企业培训部还要与有关人员共同研究企业的生产经营状况，找到需要改进的不足之处，寻求通过何种培训可以改善现状、实现培训的特别目标
根据企业目标做分类培训	围绕企业生产经营目标的培训应列入业务培训方案；围绕提高企业管理水平的培训活动则应列入管理培训方案。因此，培训方案的制定是针对培训目标，具体设计各项培训活动的安排过程。企业的业务培训活动可分为素质训练、语言训练及专门业务训练。企业的管理培训活动主要是对班组长以上管理人员的培训，内容包括系统的督导管理训练及培训员专门训练等

续表

确定培训课程	课程是培训的主题，要求参加培训的员工，经过对某些主题的研究讨论后，掌握与运用该训练项目的内容。年度培训计划中，要对各类培训活动的课程进行安排，主要是列出训练活动的细目，通常包括培训科目、培训时间、培训地点、培训方法等。注意培训课程的范围不宜过大，以免在各项目的训练课程之间发生过多的重叠现象；但范围也不宜过窄，以免无法真正了解该项目的学识技能，应主要以熟悉该训练项目所必需的课程为限。培训课程决定后，需选编各课程教材，教材应包括以下部分：培训教材目的的简要说明；列出有关教材的图表；说明表达教材内容的方法；依照下列顺序编写教材：教材题目、教材大纲及时间计划、主要内容及实施方式和方法，讨论题及复习的方法和使用的资料
培训预算规划	培训预算是企业培训部在制订年度培训计划时，对各项培训方案和管理培训方案的总费用的估算。预算是根据方案中各项培训活动所需的经费、器材和设备的成本以及教材、教具、外出活动和专业活动的费用等估算出来的

需要强调的是，员工的持续培训计划要适应企业的可持续发展。为此，一是培训内容适应企业发展的预期，二是培训内容要紧跟企业发展前沿并有前瞻性，三是培训时注意引导和提高员工的创新意识。只有员工的培训与企业的发展同步，持续培训计划才有意义。

考核监督公平性的持续改善

考核监督的公平性自古以来就是人们最关注的问题，不公平的考核监督会损伤员工的积极性，破坏内部团结，影响合作效率。而精益管理在这个问题上是有先天优势的，由于事先将工作的标准、流程、考核方式做了详细的规定，事后非常容易进行对照评价，让员工心服口服。但一定要避免的是管理者出于人情等因素，跳到规则之外进行奖励或惩罚，这可能会大大降低规则的权威性，让企业倒退回人治阶段。

一、对职业经理人考核公平性的持续改进

对于生产条件可以控制的操作工，可以直接考核其生产效率，对那些不是很关键的岗位可以从简考核以控制成本。而对那些特别重要、工作环境又不可控的公司销售总经理的经营业绩应该如何准确考核呢？如何使这些人都能满意呢？如果有五个职业经理可以被派到五个不同的地区，在确定各个地区考核方法的基础上，如果能让大家通过抓阄的方式确定自己的地区，就可以解决考核方面面临的"公平问题"。这个做法正是借助了管理学所讲的"抽签效应"。

在某些特定的情况下，抽签机制使考核者做到了基本上的公正，使方案的推行成为可能。这说明职业经理只有做到公平对待所有员工，才能树立起威信，才能培养组织的凝聚力。如果有意偏袒某一方，必然打破利益均衡的格局，使组织产生严重的内耗。只有职业经理或者监督者的利益相对独立于考核者，使其能客观地对待每一个下属，才能在公司内部形成好的运行机制。

企业职业经理在绩效考核目标的制定和考核结果的反馈上，要消除员工对绩效评估的抵触心理，在决定员工的升迁和薪酬问题上，除了要考虑工作业绩外，还要注重个人"情商"能力，这样才能达到企业人力资源绩效评估的真正目的。

值得一提的是，建立对职业经理，特别是考核规则拟定者的监督机制，是考核公平的有力保障。这其中最宝贵的经验就是保持这

些规则拟定者的利益与被考核者的利益独立，只有这样，才能实现规则拟定环节上的独立。目前，很多企业对业务部门的考核方案往往是由咨询公司做出具体的方案，最大限度地保证了公平，这种经验值得企业吸取。

二、对绩效考核公平性的持续改进

在绩效考核中，公平性是人们常常争论不休、议之难决的话题。那么，如何解决绩效考核公平性问题并对之持续改进？可以从以下四个方面入手，见表8-5。

表8-5　解决绩效考核公平性问题的方法

建立全面的考核内容	首先，要本着帮助员工改善工作绩效的原则，制定绩效考核内容。尽量使考核内容完整，代表和反映所有相关人员的利益，并得到绝大多数员工的认可。对纳入绩效考核的工作内容进行精准描述，但切忌脱离实际工作内容。其次，当实际工作中工作内容和事先计划的考核内容发生冲突时，应该首先对变化的部分进行分析，找出发生变化的原因及未来的发展趋势，然后对考核内容做出及时、适当的调整
建立科学的指标体系	首先，要做岗位分析评价，然后与员工代表探讨应该设计的绩效指标，这样才能站在员工的角度，帮助员工完成自己的工作职责，从而为企业做出贡献。其次，绩效考核标准应该具有一定的弹性，一旦发现与实际情况不协调的情况，要及时地在不影响大局的情况下对其进行改动。再次，尽量将考核指标量化，例如生产、销售部门的考核指标要具体而明确，以可以实际测量的指标为主，定性指标为辅，更要注意关键绩效指标不能缺失。其中，一般管理岗位工作的指标不宜完全用定量指标考核，应该主要采取定性指标，以便于考察工作的完成情况、组织协调能力、管理能力等。但定性指标要有一定的区分度，例如，要对优秀、良好、及格、不及格进行细致的解释，确保含义清楚明确，避免产生歧义。在使用量表考核时，考核指标的设置一定要全面、科学、客观、准确，各项指标都要有它存在的意义和价值，其标准与权重的设置应与该项指标在整个岗位中的贡献率成正比

建立完善的考核制度	绩效考核过程中，员工要有充分的参与权和发言权。其中包括考核指标的制定、自我评价、同事之间互评、考核结果反馈等。考核制度要严明，树立制度的信度，对大家一视同仁，赏罚分明。也就是说，一旦制定出合理科学的绩效考核指标，就必须要求员工严格执行。还要注意做好机制建设，要做到认可个人利益、小团体利益，只有提高了个人和小团体的利益其绩效才能得到提高，进而提升整个企业的利益。这样制度既要落实，机制又要完备，考核还要合理，才能使绩效考核公平进行。此外还应建立监督、反馈、申诉等制度。此外，在整个考核过程中，从内容的制定到指标体系的制定再到考核制度的建立，都要符合道德与伦理规则，即一般人能够接受的道德伦理标准。其中包括职业道德、基本责任、伦理准则等
建立绩效考核监督系统	首先，绩效考核能否获得管理者的支持和认同是特别重要的。绩效考核需要领导的校正和监督，公司高层领导要认可和推动绩效考核，高层管理人员要身体力行、言传身教、以身作则。建立有效的绩效考核监督系统与约束机制，加强对绩效考核的考核者的行为和被考核者日常工作行为的监控，这样有利于考核者客观地对被考核者进行评价，同时也有利于企业及时发现员工工作中的失误之处并进行纠正。其次，将考核的结果进行公示，接受企业全部员工的监督，允许员工针对反馈结果的不认同之处进行解释；甚至可以通过合理渠道提出申诉，也就是申请复评。这样既可以及时发现并更正绩效考核过程中产生的偏差，又可以在一定程度上避免员工对考核结果的猜疑，还可以消除员工对绩效考核的不满情绪，及时表达出员工自己的观点，从而提高员工的满足感。实行公示还有助于加强绩效考核全部过程的透明度，减小考核者绩效考核过程中舞弊的可能性，从而提高绩效考核结果的公平性

第九章 文化建设：用企业文化
实现无为而治

　　企业文化是一个企业所有员工共同遵循的价值观和行为准则，不是三五个人的文化，而是全员的问题。因此，必须对进入企业的每位员工进行职业培训，只有使每位员工对企业文化的内涵都有一个正确理解，才能做到员工价值观高度统一。文化理念落地的具体方法有：讲故事、抓案例、树典型、做目视、造氛围、植人心。这些在打造执行力的同时也根植到员工的内心里，激励是树立价值观的有效手段，干好了就表扬，表扬就激励，激励就树立榜样，榜样的力量是无穷的，在企业文化建设过程中会起到催化剂的作用；物质激励作为保障，精神激励创文化。具体表现就是内化于心、固化于制、外化于行、渲染于物、凝化于力。

至柔者至坚，《道德经》中的企业文化智慧

《道德经》第四十三章说："天下之至柔，驰骋天下之至坚。"意思是说，天下最柔弱的东西，可以左右、影响天下最坚强的事物。其实，谈到现代商业管理自然也离不开"至柔者至坚"的法则，那就是企业治理的成就归因于企业文化。

一、《道德经》中的"以人为本"

企业文化建设要以人为本，《道德经》哲学思想中的基本精神就是以人为本。《道德经》第七十五章中说："民之饥，以其上食税之多，是以饥。民之难治，以其上之有为，是以难治。"意思就是说，人民之所以遭受饥荒，就是由于统治者吞吃赋税太多，所以人民才陷入饥饿。人民之所以难以统治，是由于统治者政令繁苛、喜欢有所作为，所以人民就难以统治。这段话强调了必须满足人民最基本的物质需要才能稳定统治。

对于企业来说，在物质利益面前，"上饱下饥"的状态有损于员工积极性的进一步发挥，员工的"跳槽"，与其说是因为别人开出的条件更好，不如说是自己忽视了环境的建设，忽视了物质文化的建设。因此，要把满足员工的物质需要作为大事来抓，用程序化规范机制而非随意性管理，这样才能"无为而治"。

二、《道德经》中的"和谐"

企业文化建设要懂得分享，追求共赢，无亲疏、利害、贵贱之

分别，《道德经》思想中"小国寡民"的政治理想正是对和谐社会的设计与渴望。《道德经》第八十章中说："甘其食，美其服，安其居，乐其俗。邻国相望，鸡犬之声相闻，民至老死不相往来。"意思是说，使人民对他们的吃食感到香甜，对他们的穿戴感到漂亮，对他们的住宅感到安适，对他们的习俗感到满意。邻近的国家互相望得见，鸡鸣狗叫的声音互相听得见，而人民直到老死也不相往来。在这里，老子描述了他理想中美好社会的图景，强调了对淳朴民风、和谐社会的追求，这正与老子"无为而治"的思想互为表里。

将此应用在企业文化建设中，就是要倡导仁爱、礼仪，就是要使员工之间团结友爱，员工与企业之间互惠互利、和谐共处、融为一体。为此，在企业中，要通过不露痕迹的行动、无声无息的引导、切合实际的计划、无拘无束的管理、无戒无责的约束，营造相互学习交流的环境和氛围，增强员工的归属感和安全感，增强员工的主人翁意识，将个人目标与企业目标结合在一起，主动承担责任并进行自主管理，自觉为企业共同的目标不懈努力，而不必管理者在场，"无为而治"顺理成章。

三、《道德经》中的"人性的需要"

企业文化建设要静心思"道"，切忌经常"找事"。《道德经》第四十八章中说："取天下常以无事，及其有事，不足以取天下。"意思是说，治理国家要常清静不扰攘，至于那些政治繁苛者，就不配治理国家。道出了老子对人性需求的理性思考。

当我们纠缠于文化与战略、文化与人力资源等事务的时候，不妨抛开形式主义的企业文化，抛开那些企业文化与行为背道而驰的"文化虚脱病"，静心观察人性的需要，我们会发现，事情一下子变得如此亲近。让我们启发员工认识生活的意义，认识生活和工作对他们的期望，切实尊重他们，使他们自觉积极地为企业目标努力工作，引导他们为了共同的人生目标而努力奋斗，这样的企业文化才是最高境界的文化，这样的工作才是快乐的，员工生活才是幸福的。

总之，《道德经》中优秀的文化，对于构建作为企业灵魂和精神支柱的企业文化具有重要意义。而代表企业灵魂和精神支柱的企业文化，凝聚了每一个员工的信念和意志，提供了全面发展和充分发挥员工才能的自由空间。

内化于心，传播文化理念

内化于心，强调企业文化理念的传播应有切实可行的方法，因地制宜，因人而异，比如可以讲故事、抓重点案例、树典型等，一定要把形成企业文化的理念、行为方式、价值观让每位员工铭记在心。内化于心，是企业文化落地的第一步。

一、企业文化的传播方式

企业文化的关键在于"落地生根"，无法"落地"的文化就只是口号，只有倡导者的激情，却没有响应者的行动；无法"落地"的企业文化更像空中楼阁，即使建构起健全的文化架构体系，也只能悬在空中。因此，企业文化建设需要通过有效的方式传播，将理念转化为认知与行动，从而确保文化的"落地"，这就离不开企业文化的传播。

企业文化的传播是通过不同的工具和途径，将已设计出来的企业理念、核心价值观等有针对性、有计划地呈现出来，并为企业内部和外部所认知、认同。其传播方式分为内部传播和外部传播，见表9－1。

表9－1　企业文化的传播方式

对内传播	就是对企业内部职工及管理者进行的企业内部的文化培训、教育、宣传、灌输。企业文化对内传播具有辅助企业文化形成的功能，又兼使企业文化得到传承和发扬，从而激发员工战斗力的功能。企业文化的形成、发展、积累都与企业文化对内传播有密切的关系。企业文化对内传播的通道有五个：企业发展过程中的种种事迹、故事案例等，是对内传播的无形通道；将企业文化用语录、标语、口号等形式呈现出来，就成为对内传播的有形通道；企业管理者及对下属的要求和个人行为、作风等，构成对内传播的主要通道；企业文化培训、考核、激励机制的制定与实施，是对内传播的重要通道；企业举办的一系列活动、仪式、庆典等，是对内传播不可缺少的通道
对外传播	企业文化对外传播具有树立企业形象、提高品牌忠诚度和竞争力的功能，同时也兼有推动社会精神文明建设、促进社会文化进步的作用。企业文化的对外传播是一种文化交流，不是单向的文化输出。全面、准确地对外展示、传播本企业的文化，最终在社会公众心目中留下一个美好印象，进而塑造良好的企业形象，对企业发展至关重要。对外传播的途径有：企业文化的主动输出式传播；企业文化的示范传播；企业文化的交流合作

二、企业文化内部传播注意事项

要使企业文化的内部传播取得良好效果，在传播过程中要注意以下事项，见表9－2。

表9-2　提高企业文化内部传播效率的方法

重视小团体的作用	在对内传播时，要重视企业内部的非正式组织对传播企业文化的作用。这样的"小团体"在任何上规模的企业中都存在，它的作用可能是正面的，也可能是负面的，要加以引导、利用，使之起到传播企业文化正面效果的作用
一定要防止讹传	一定要防止企业文化传播中的变异和虚假化倾向——讹传。"数传黑曰白"的典故大家都听说过，企业文化传播要防止类似情况发生
防范流言，以正视听	注意消除内外部流言和谣言，防止流言对企业文化的侵蚀。关于流言的杀伤力，国人自古就有深刻的认识，"千夫所指，无疾而终"说的就是这个意思。流言的杀伤力不仅对个体有害，对组织也同样不可轻视。企业在遇到各种危机事件时要及时、妥善处理，不给流言和谣言提供机会

总之，企业文化只有通过有效的传播，才能真正对企业的发展起到促进作用，企业的理念和价值观才能真正融入企业的安全生产和经营管理中去。

固化于制，确保刚性执行

固化于制，即制定科学合理的规章制度，在执行层面一定要公开、公平、公正，确保制度面前人人平等。企业的文化必须融入企业的各项管理制度和用人机制中，通过刚性执行制度确保企业文化理念落地，确保企业管理的范围细致入微，尽量减少管理真空的发生，把管理做到不留任何死角。

一、企业文化固化于制的重要意义

当前，中国的企业文化建设还处于初级阶段，处于塑造形象、打造品牌的起步时期。企业文化亟待在制度建设上下工夫。企业文化建设需要用制度来支撑和保证，只有建立健全规范管理的制度体系，才能有效地规范、引导员工和企业的行为，才能提升企业的管理水平。要深入抓好诚信文化、安全文化、质量文化等一系列文化制度的构建和完善，使企业文化真正固化于制，实现提升员工素质、规范员工行为、提高管理水平的目的。

企业文化固化于制，就是用制度、机制来反映文化理念，将已取得的文化建设成果用规章、制度固定下来，对员工既是价值观的导向，又是制度化的规范。员工对企业文化由认识、认知、认同到自觉践行，有一个从不自觉到自觉、从不习惯到习惯的过程。在这个过程中，制度文化的刚性约束与观念文化的柔性疏导相辅相成，以克服人的"惰性"，使企业文化的贯彻变得流畅而坚实。企业文化必须体现在企业的机制、组织、流程和制度之中，并能够得到后者的强力支撑，否则企业文化会永远停留在假设层面，成为空中楼阁。其中非常关键的一点是，企业文化在外部必须与客户价值互相连接，在内部必须与企业的价值评价体系、价值分配体系形成有机的联系，公司价值评价体系的关注点和薪酬体系的激励点，必须转移到高绩效结果以及关键的高绩效行为上。

二、如何让企业文化固化于制

企业文化固化于制，其关键是建立公司治理与现代企业制度。建立公司治理与现代企业制度，一个实质性的步骤是实行股份制改造。明晰产权结构、完善法人治理结构，使企业的权力机构、决策机构、监督机构、经营管理层规范有效地运作与制衡；建立公司治理与现代企业制度，一个关键性的改革是建立有效的人事与激励约束机制，变"相马"为"赛马"，建立公平、公正、透明的人才"赛道"和"以业绩论英雄"的效绩考核体系，使能者上、平者让、庸者下。建立公司治理与现代企业制度，一个重要的举措是建立内控与风险管理机制，对企业的战略风险、信用风险、市场风险、流动性风险、操作风险、法律风险等进行全面管理。制度是物化了的理念，制度是观念、行为、习惯产生的土壤，从这个意义上说，制度就是文化力。

企业文化固化于制，就是建立和完善企业价值理念转化的机制和体制，将企业价值理念和已取得的文化建设成果用规章、制度固定下来，执行下去，使员工既有价值观的导向，又有制度的约束规范，并运用于企业实践的过程。

企业文化固化于制，就是制度文化化。就是用"以人为本，人企合一，严字当头，一丝不苟"的管理理念和"让顾客满意，让职工满意，让社会满意"的诚信理念指导企业制定的制度，并审视已有的企业制度，修改其与企业价值观不相符合的内容和条款，努力实现企业管理创新。

总之，企业文化的建设要依据企业自身特点，做到固化于制，文化与制度一体化，使企业的精神力量、观念力量、作风力量、形象力量、信誉力量得到充分发挥。

外化于行，全员自我经营

外化于行，即实现员工的自我经营，言行一致。企业的价值观确定以后，员工就要按照企业倡导的方向去做，待人接物和行事方式必须符合企业文化要求，如海尔通过砸毁 76 台问题冰箱事件，牢固地在员工心理上树立了"海尔真诚到永远"的质量第一的企业文化。

一、企业文化外化于行的魅力

企业文化既是企业未来生存的战略指针，也是全体员工必须遵守的行动指南。一般来说，有什么样的企业文化就有什么样的企业行为，所以，员工一旦从心理上与企业达成了契约，企业就要不断激励全体员工从行动上把企业文化的内涵充分表现出来，这就是文化外显，集中到一起就是企业形象。所谓外化于行，就是让企业文化理念外化为正确的行动，为员工掌握、认同和自觉践行。

企业文化只有落实到实践中才能发挥作用，显现威力。员工行为规范是企业员工日常活动的准则，是实实在在的标准，是一视同仁的要求。每一位员工都要认真学习，深刻理解，对照检查，严格执行，自觉维护其严肃性和一致性。要严格自律，持续改进，提高标准，从具体事情做起，摒弃不文明、不道德的行为习惯。对于有悖于员工行为规范的各种言行，要勇于制止和纠正。

二、如何将企业文化外化于行

企业文化外化于行，就是不折不扣地将企业文化体现在行为中。如果似是而非地体现，或者犹犹豫豫地体现，说明外化的程度不到位。如果做到企业文化外化于行，则是对内化于心、固化于制的根本保障，说明企业文化真正落地了。

外化于行中行为的范围，不仅局限于企业内部，还包括企业与社会各方面的交往中、服务中，也包括企业员工行为任何所及之处，即使生活也不例外。只有这样才真正做到表里如一，才真正落到实处，这时，企业文化的大树即使被狂风冲击也不会倒下。

企业文化的活力关键是外化于行。企业文化建设行成于正确的思考与正确的理念（思路决定出路），而正确的思考与理念又成于正确的行动，行成于思，思成于行，思与行相互促进、相得益彰。

总之，企业文化外化于行，主要就是要以"文化理念能否执行、谁去执行、怎么执行、如何保证执行"为重点来做好形象塑造，重在追求适应现代化建设要求的工作效率和经济效益，以此促进经济发展和科技进步，并为实现企业跨越式发展提供加速度和驱动力。

渲染于物，善用文化载体营造氛围

渲染于物，即运用企业文化载体营造企业的文化氛围。企业文化载体是指以各种物化的和精神的形式承载、传播企业文化的媒介体和传播工具，它是企业文化得以形成与扩散的重要途径与手段。

一、企业文化载体的作用

企业文化载体在企业文化建设中具有举足轻重的作用，有时候对一些企业来说，企业文化建设就不是那么深入，但若抓好了企业文化载体建设，企业也会获得很好的经济效益和社会效益。以至于有些企业家和学者认为，企业文化的载体建设就是企业文化建设，当然这是否正确还有待商榷。

企业文化载体是企业文化的重要组成部分。由于生存和竞争的需要，中国越来越多的企业开始重视企业文化的载体，甚至有的企业就提出了"文体活动是显示企业文化的标志"的观点，并非常重视企业文化载体的建设。例如，胜利油田石化公司就是典型的例子。该公司现有职工2900多人，有两个灯光篮球场，一个标准400米田径运动场，一个能容纳1200多人的职工俱乐部。为了让文体活动搞得有声有色，提高其档次，该公司广开门路，招聘体育人才30多名，文艺人才6名，形成了一支具有专业水平的文体骨干队伍。为鼓励优秀人才脱颖而出，该公司在职工大会上宣布，凡在油田运动会上获第一名的奖励1000元，晋升一级工资；破油田纪录的奖2000元，晋升一级工资。该公司几年来蓬勃发展的文体活动，给企业带来了很多好处，全体职工出勤率在95%以上，促进了炼油生产的发展，完成了原油加工任务。

优秀的企业文化必须有很好的企业文化载体，它们会给企业带来很好的经济效益和社会效益。但不那么深入的企业文化，却有很好的企业文化载体，企业也会获得很好的经济效益和社会效益。这是因为，一方面，优秀的企业文化和很好的企业文化载体，其目的都是增强企业凝聚力和战斗力，提高职工生产积极性。让职工做到这些，对企业来说，基本上就达到了目的。另一方面，与企业的经营性质也有关系。例如，安全生产对供电企业来说显得尤其重要。因此，供电企业文化建设往往将重点放在载体建设上，即将安全教育寓于各种各样的文体活动中，这既能培养出很好的企业精神，又能使企业做到安全生产。

二、企业文化载体的分类、选择与运用

企业文化的载体种类繁多，大致可分为以下两大类，见表9-3。

表9-3　企业文化的载体分类

内部企业 文化载体	内部企业文化载体主要是对员工进行企业文化宣传教育的各类企业文化的载体，具体又可分为物质文化载体和行为文化载体两种。物质文化载体包括企业的文化室、俱乐部、图书馆、企业刊物、企业网站、企业制服、企业宣传栏、企业宣传标语等。行为文化载体包括文体活动、文艺晚会、培训、表彰会、员工沙龙、总裁接待日、企业内部组织的各种协会和研究会等
外部企业 文化载体	是指向外部公众进行企业形象与口碑宣传的企业文化载体。如企业创新 CI 形象新闻发布会、新产品发布会、企业赞助活动、企业公益广告、撰写新闻报道、向专业机构提供研究成果、组织或参与社会公益活动、参加行业展览、接待社会公众和学习考察团体参观企业等

在实务中，企业文化载体包括企业的文化室、俱乐部、电影院、图书馆、各种协会、研究会、企业刊物、企业服等，还有另一种企业文化载体，如厂庆活动、文体活动、文艺晚会、军训、广播操、表彰会等。在建立企业文化体系的过程中，如何与市场接轨，变抽象为具体，从中选择合适的文化载体最为重要。通过对文化载体的选择来营造文化氛围，能够对企业文化的落地和推进起到渲染作用。

在企业发展的不同时期有针对性地开展团体活动，突出企业文化的主题。例如，为企业战略推进举办各种形式的技能比武、征文比赛等各项活动推进这种氛围；也可以做成理念故事宣传企业文

化，把创新的典型做成看板的形式上墙，或者内部通过一个平台、板报、手册、广播等载体进行推进，让员工时时刻刻地感受到这种浓厚的文化氛围，达到"随风潜入夜，润物细无声"的效果。

需要说明的是，企业文化的载体是企业文化的表象，从企业文化结构上说，也是从精神文化反映出来，具体再现在制度文化、行为文化、物质文化等方面的内容，但它并不等于企业文化。

凝化于力，用文化凝聚力引领执行力

凝化于力强调的是：团结就是力量，团结是铁，团结是钢；增强企业文化凝聚力，建设团队文化，能使企业文化有更强的穿透力。大多数人只是在高度分工中担任部分工作，只有依靠部门中全体员工的互相合作、互补不足，工作才能顺利进行，才能成就一番事业，就像拔河一样，大家齐心协力，有统一目标，统一的利益，劲往一处使，这样企业文化才能在企业发展的长征中加强、深化，更快地发展。

一、企业文化凝聚力的表现

没有凝聚力的企业文化不是成功的文化，而企业文化发展也会提高组织凝聚力。企业文化凝聚力表现在哪些方面呢？见表9-4。

表9-4 企业文化凝聚力的表现

开放与互动	开放，就是有什么问题应该拿到桌面上来，大家一起讨论、一起解决。开放的文化，更加有助于激发员工，尤其是年轻员工的多元化想法。开放文化，也可以和互动文化放在一起，互动就是员工相互之间互相交流，互动，相互关心，让年轻员工有归属感
认同与融合	随着年轻人物质生活越来越丰富，他们对于精神的追求可能更多一些，希望别人了解他们、懂得他们、理解他们、给他们更多空间，希望找到共同语言，达成共同目标。所以企业管理者要了解职工的想法、需求，还有行为习惯，了解职工喜欢的事情，友善、平等地与他们沟通交流，认同感越多，就会越融合
信任与活力	员工之间互相信任。信任犹如一个纽带，如果没有信任，就会人心涣散，各想各的事，各做各的事，没有信任，一个企业就像是一盘散沙，没有凝聚力。相互信任，才能更有效地工作，才能提高组织绩效，充分发挥组织活力
柔性与人性	柔性的企业文化能够增强企业灵活性、适应性、创新性，突出人性特点，也是企业内部的一种柔性价值准则。企业柔性化文化能动态地适应环境变化，让民主意识深入人心。柔性企业文化更容易被年轻职工所接受
平等与独立	平等，就是相互尊重。独立，就是工作时间做工作事情，下班回家后就不用想着工作的事情
快乐与效率	如今，更多的年轻人希望工作是快乐的，甚至有时候快乐比薪水高要重要得多。年轻人希望自己的工作状态是快乐的，企业的文化是快乐的，积极向上的。快乐的企业文化，可以让年轻的"90后"更加努力工作，有积极向上的热情。所以，快乐不仅在平时的生活中，也需要在工作中。快乐企业文化能够提高职工满意度，提高工作效率

二、如何提高执行力

企业文化缺乏执行力是当今企业文化建设的一大症结，也是制约企业文化深入推进的一大"瓶颈"。如何提高执行力，必须弄清楚四个问题，见表9-5。

表 9 - 5　如何提高执行力

文化理念能否执行	企业的文化理念是从本企业的历史、现状和未来的发展趋势中概括提炼出来的，而不是靠几个人冥思苦想规划出来的，它必须结合本企业实际，具有本企业特色，既不能好高骛远、夸夸其谈，也不能因循守旧，缺乏创新，更不能照搬照抄别的企业，这是企业执行力的基本前提
谁去执行	从表面看来，企业文化建设的主体是广大员工，执行者也自然是全体员工，但这样回答并不准确，最应该执行的还是企业的各级领导。企业领导，尤其是高层领导，不仅要成为企业文化的设计者、传播者、激励者，还要成为忠实的实践者和执行者。一个企业的文化"悬"在半空，多半是由于这个企业的领导没有身体力行，率先垂范
怎么执行	要把企业文化与企业的经营战略、发展目标，与企业的体制创新、管理创新，思想政治工作和精神文明创新有机结合起来。要把企业文化理念转化、分解、细化为可执行的任务目标与具体的规范和标准（如编制具有可操作性的"员工守则"或"文化手册"等），尤其要善于运用制度这一载体，将核心价值理念融入具体的管理制度和流程建设之中，并把制度建立在员工自觉遵守的基础上，通过先进文化理念改革现有企业制度，建立体现先进文化的新制度
如何保证执行	保证执行应通过两方面的努力：一是树立文化典型，开展主题文化活动，建立文化礼仪，营造文化氛围，进一步增强员工的文化执行自觉性。二是依靠企业文化内部的激励与约束机制。应该承认，企业员工不可能全都认同本企业的文化，尤其在企业文化建设的初期。因此，有必要用激励和约束机制，强化员工对本企业文化的认同感，通过开始时的"强制"达到最终的自觉

　　执行就是每一层的经理都用公司的文化标准去判断和做一件事情。沃尔玛能一步步由小到大，由大到强，逐渐拉大和竞争对手的差距，其成功之道就在于不断在传统模式中开发出适合业务发展需要的方式，充分为我所用，并不折不扣地加以执行。而一些执行力较差的企业大多会存在这样的"通病"，那就是因为不少管理者乐于做决定、布置任务，可在执行和落实的环节上却打了折扣，布置的任务和做出的决定难以落到实处。

参考文献

［1］孟华兴，赵现锋. 新生代员工管理［M］. 北京：中国经济出版社，2014.

［2］陈广. 任正非：华为的冬天——唯有惶者才能生存的冬天哲学［M］. 深圳：海天出版社，2015.

［3］〔美〕罗伯特·史雷特. 胜者为王：向杰克·韦尔奇学管理［M］. 吴溪译. 北京：机械工业出版社，2011.

［4］〔美〕维潘·卡普尔. 隐形权力——做员工的拉拉队长［M］. 郭德艳，杨统连译. 北京：中央编译出版社，2003.

［5］〔英〕爱德华·泰勒. 人类学——人及其文化研究［M］. 连树声译. 桂林：广西师范大学出版社，2004.

后　记

　　管理的最高境界是什么？是隐形！

　　任何热衷于将管理科学化或专业化的尝试，试图消除所有的波动、风险和不可知的措施，都是在阻碍自由、创新和成长。事实上，一个领导者只要在决策、用人、制度、授权、文化方面把好关，形成一定的机制，就可以实现管理隐形。隐形管理不仅需要酌定机制，更需要领导者富有智慧。智慧源于何处？从根本上说，源于传统文化。中国古代先贤的治国理政思想，对于今天的企业管理者来说依然需要学习、借鉴、传承并发扬光大。这是一门需要长期坚持学习的基础课。

　　酌定长效机制，不忘"无为而治"，做个隐形管理者，完全可以在多种目标、现在和未来之间取得平衡！